工会
组织工作
百问
百答

朱艳丽◎编著

GONGHUI
ZUZHI GONGZUO
BAIWEN BAIDA

中国工人出版社

前言

PREFACE

工会组织工作是工会工作的重要组成部分，是工会自身建设的一项基础性工作，为工会发挥作用提供组织保证，为工会履行职责提供人才支撑。工会组织工作是做好工会工作的基础，是工会开展各项工作的重要保证。工会组织工作的内容多、政策性强、要求高。若工会组织工作做不好，其他工作则无从谈起。

时代在发展，事业在创新，工会组织工作也在发展、也在创新。在我国经济、社会和职工队伍发生深刻变化的新形势下，长期在工会组织部门工作的老同志在工作中遇到了一些新问题，新到工会组织部门工作的同志在工作中也遇到了不少老问题。这些问题，涉及工会组织工作的方方面面，既有工会组织工作中的一般性问题，也有工会组织工作中的一些重点难点问题。对此，本书根据有关法律法规和《中国工会章程》、全国总工会有关政策文件的规定等，结合多年来的工会组织工作实践经验，从组织工作基础知识、组织原则和组织制度、全国工会组织、地方工会组织、基层工会组织、产业工会组织、换届选举、工会干部、机构编制、会徽印章、常见疑难问题等 11 个方面，梳理了开展工会组织工作需要了解和掌握的一些基本问题及常见疑难问题，通过一问一答的形式，理论与实务相结合的方式，力求全面、准确、有理有据地予以阐释和解答。

本书在编写过程中，始终坚持以习近平新时代中国特色社会主义思想为指导，贯彻落实习近平总书记关于工人阶级和工会工作的重要论述，坚持以《中华人民共和国工会法》《中国工会章程》和全国总工会有关文件等为依据，同时注重吸纳工会组织工作新鲜的实践经验，具有一定的针对性、实用性和可操作性。希望本书有助于开展工会组织工作，有助于推动《中华人民共和国工会法》《中国工会章程》及全国总工会有关文件落实到基层、见效在基层。

由于笔者理论水平和实践经验有限，对于本书的不足和疏漏之处，敬请广大工会工作者和读者朋友们批评指正。

编　者

2022 年 9 月

目录

CONTENTS

第一部分 组织工作基础知识

第三部分
全国工会
组　织

第四部分
地方工会组织

第五部分
基层工会组织

第六部分 产业工会组织

第七部分 换届选举

ZU ZHI GONG ZUO

JI CHU ZHI SHI

第一部分

组织工作基础知识

1 新时代党的组织路线是什么?

新时代党的组织路线是：全面贯彻习近平新时代中国特色社会主义思想，以组织体系建设为重点，着力培养忠诚干净担当的高素质干部，着力集聚爱国奉献的各方面优秀人才，坚持德才兼备、以德为先、任人唯贤，为坚持和加强党的全面领导、坚持和发展中国特色社会主义提供坚强的组织保证。

这一重要论述是习近平总书记在 2018 年召开的全国组织工作会议上提出的，深刻阐明了新时代党的组织路线的科学内涵，在中国共产党的历史上是第一次，对马克思主义党建学说具有开创性贡献和里程碑意义。新时代党的组织路线是新时代党的建设总要求在组织工作中的具体化，为新时代党的建设和组织工作指明了前进方向，提供了根本遵循。做好新时代党的建设和组织工作，必须深入领会、牢牢坚持、认真践行新时代党的组织路线。

2 什么是工会组织工作?

工会组织工作是工会工作的重要组成部分，是工会自身建设的一项基础性工作，为工会发挥作用提供组织保证，为工会履行职责提供人才支撑。工会组织工作是做好工会工作的基础，也是工会开展各项工作的重要保证。

工会组织工作的内容很多，既包括建立工会组织体系，理顺工会组织体制，制定工会组织制度、组织原则，也包括确定工会组织领导关系、运行机制、活动方式，加强各级工会领导班子和干部队伍建设等。

一般来说，工会组织工作的职责主要包括：工会组织制度和工会领导体制的研究与制定；理顺工会组织领导关系；协助管理工会领导班子成员；负责工会换届有关组织人事工作；设置和调整机关工作机构、主要职责、人员编制；开展工会干部教育培训；做好工会机关和直属单位干部人事工作；等等。

3 什么是《中国工会章程》？

章程是组织、社团经特定的程序制定的关于组织规程和办事规则的规范性文书，是一种根本性的规章制度。《中国工会章程》是中国工会全国代表大会通过的规定工会组织性质、指导思想、奋斗目标、组织原则、重要制度、体制机制和会员权利义务等工会重大问题的规章，是处理工会内部事务的基本准则。《中国工会章程》在加强工会组织建设、履行维权服务职责、推进工运事业发展中发挥着重要的规范性、指导性作用。

《中国工会章程》作为处理工会内部事务的基本准则，一方面，是中国工会各级组织和工会会员必须认真遵守的一项内部规章，在工会的规范性文件体系中处于最高层次，是工会制定其他规范性文件的基础和依据。中国工会在《中国工会章程》以外制定的规则、办法、意见等是对《中国工会章程》某一方面规定的具体化，不得与《中国工会章程》相抵触。《中华人民共和国工会法》（以下简称《工会法》）第四条第一款明确规定："工会必须遵守和维护宪法，以宪法为根本的活动准则，以经济建设为中心，坚持社会主义道路，坚持人民民主专政，坚持中国共产党的领导，坚持马克思列宁主义、毛泽东思想、邓小平理论、'三个代表'重要思想、科学发展观、习近平新时代中国特色社会主义思想，坚持改革开放，保持和增强政治性、先进性、群众性，依照工会章程独立自主地开展工作。"另一方面，《中国工会章程》也必须根据实际工作的变化而进行修改，使其更加完善。《工会法》第四条第二款规定："工会会员全国代表大会制定或者修改《中国工会章程》，章程不得与宪法和法律相抵触。"

4 如何理解《工会法》与《中国工会章程》的关系？

工会法是明确工会法律地位和工作职责的重要法律，是工会组织依法开展工作的重要制度保障，是开展工会工作的基本遵循，也是我国的基本法之一。《工会法》第四条规定："工会必须遵守和维护宪法，以宪法为根本的活动准则，以经济建设为中心，坚持社会主义道路，坚持人民民主专政，坚持中国共产党的领导，坚持马克思列宁主义、毛泽东思想、邓小平理论、

'三个代表'重要思想、科学发展观、习近平新时代中国特色社会主义思想，坚持改革开放，保持和增强政治性、先进性、群众性，依照工会章程独立自主地开展工作。工会会员全国代表大会制定或者修改《中国工会章程》，章程不得与宪法和法律相抵触。国家保护工会的合法权益不受侵犯。”这一规定明确了《工会法》与《中国工会章程》之间的相互关系。

（1）工会的一切活动必须以《中华人民共和国宪法》（以下简称《宪法》）为根本的活动准则，遵守法律，包括《工会法》。《工会法》是中国工会的基本法，是规定工会组织的建立，活动宗旨和范围，工会的法律地位、组织原则、组织机构，工会的权利和义务以及工会活动保障等重大问题的法律规范，也正因如此，《工会法》不可能对工会具体的组织制度、活动方式等作出详细的规定，而这正是《中国工会章程》所要解决的问题。《工会法》明确了工会在遵守、维护《宪法》的基础上，以《宪法》为根本活动准则，依照《中国工会章程》独立自主地开展工作。这就明确了《中国工会章程》是《工会法》重要的补充，是对《工会法》确定的基本原则和制度的完善与发展。

（2）《中国工会章程》不得与《宪法》和其他法律法规相抵触。《工会法》规定，工会的一切活动都必须以《宪法》为根本活动准则，这包括工会制定或修改《中国工会章程》的活动。由于《中国工会章程》不是法律，其作为社团组织的内部规则，必须服从《宪法》《工会法》及其他法律法规的规定，否则《中国工会章程》无效。《工会法》还规定，工会要依照《中国工会章程》独立自主地开展工作，如果《中国工会章程》本身就与《宪法》和其他法律的规定相抵触，工会组织依照这样的章程开展活动，就会背离《宪法》的基本精神和《工会法》的原则，工会工作就会走入歧途，工会活动也就得不到法律的保障。

因此，工会必须以《宪法》为根本活动准则，遵照《工会法》的规定，依照《中国工会章程》独立自主地开展工作，而且《中国工会章程》不得与《宪法》《工会法》及其他法律法规相抵触。只有这样，才能有效地保证工会独立自主开展工作的正确政治方向，坚持党的领导，坚持全心全意依靠工人阶级，使工会组织和工会工作更具政治性、先进性、群众性，更有法律依据和保障。也只有如此，国家才保护工会的合法权益不受侵犯，同时维护《宪法》的尊严和权威。

5 我国工会的组织结构是什么?

工会的组织结构是指各级工会组织的内部组织机构设置和工会组织领导关系确定的总称。不同层级的工会组织，其工作机构的设置和人员配备的要求不同，形成的工会组织形式和组织结构也有所不同。

我国的工会组织结构，总体而言，在中华全国总工会的统一领导下，分别建立地方和产业工会两大组织系统。具体来说：地方工会系统分为省（自治区、直辖市）总工会，市（地、州）总工会，县（市、区、旗）总工会和基层工会；产业工会系统是中华全国总工会领导下的各全国产业工会及其不同层级的地方产业工会。产业工会全国组织和各级地方产业工会组织分别是中华全国总工会和各级地方总工会的组成部分。从基层工会到中华全国总工会的关系是通过产业工会和地方工会这两大系统层层联合、相互结合而形成的。中华全国总工会对基层工会及各级产业工会和地方工会的统一领导关系，则是按照民主集中制的原则，通过各级工会代表大会的层层代表和选举而形成的。

我国工会的组织结构集中体现了联合制、代表制的基本组织制度，产业和地方相结合以及民主集中制的基本组织原则。我国工会的组织结构充分体现了上级工会代表下级工会、全国所有的工会代表职工的工会本质，科学地实现了我国工人阶级和工会组织的团结统一，为坚持走中国特色社会主义工会发展道路提供了可靠的组织保证。

6 工会的各级领导机关如何产生?

根据《工会法》和《中国工会章程》的有关规定，工会的各级领导机关，除它们的派出代表机关外，都由民主选举产生，这是工会的一项重要的组织制度。工会的各级领导机关由民主选举产生，原因主要有以下几点：

(1)《工会法》的明确规定。《工会法》第十条规定：“各级工会委员会由会员大会或者会员代表大会民主选举产生。”

(2)《中国工会章程》的明确要求。《中国工会章程》是各级工会处理工会内部事务必须遵守的基本准则。《中国工会章程》第九条规定：“工会的各级领导机关，除它们派出的代表机关外，都由民主选举产生。”即除了部分省、自治区总工会设立的地区工会办事处，以及有些产业工会工作委员会等工会派出代表机关是通过派出工会任命领导机关组成人员外，其他各级工会领导机关都必须通过民主选举产生。

（3）工会各级组织按照民主集中制原则建立的重要保证。工会是党领导的职工自愿结合的工人阶级群众组织。工会的各级领导机关由民主选举产生，是民主集中制这一重要组织原则的具体体现和重要保证。经过民主选举，把真正为职工群众服务、敢于为职工说话、深受群众拥护的人选进工会的领导机构。同时，使当选的人切身感受到群众的信任，更加努力地为职工服务。

（4）会员民主权利的具体体现。选举工会干部并对工会干部实行监督，是会员的选举权、被选举权等会员权利的具体体现和落实。在实践中，民主选举候选人的名单要反复酝酿、充分讨论，充分体现选举人的意志。任何组织和个人，不得以任何方式强迫选举人选举或者不选举某个人。

7 如何理解“全国建立统一的中华全国总工会”？

高度统一的组织领导体制事关中国工会的性质和中国工会事业的发展。《工会法》第十一条明确规定：“全国建立统一的中华全国总工会。”《中国工会章程》第十一条也明确规定：“全国建立统一的中华全国总工会。中华全国总工会是各级地方总工会和各产业工会全国组织的领导机关。”这一规定表明，我国法律不允许存在除中华全国总工会之外的其他工会，体现了我国工会体制的鲜明特点。依法保障工会组织的团结和统一是由我国的国家性质和国情决定的。我国是工人阶级领导的、以工农联盟为基础的人民民主专政的社会主义国家。工人阶级是我国的领导阶级，中国共产党是工人阶级的先锋队，代表全体工人阶级和全国各族人民的根本利益。中国工会是中国共产党领导的工人阶级群众组织。我国工人阶级的根本利益是一致的，没有理由建立两个或者多个工会组织。正因为如此，《工会法》和《中国工会章程》均明确规定，全国建立统一的中华全国总工会。

具体来看，全国建立统一的中华全国总工会，主要包含以下几层含义：一是中华全国总工会是中国境内唯一合法的工会组织，是中国境内各级各类工会组织的最高领导机关，负责领导全国工会工作。二是在中国境内建立的各级各类工会组织，都是中华全国总工会的下级组织或基层组织，必须认真贯彻中华全国总工会提出的工会工作方针和作出的决议，按照中华全国总工会的工作部署和要求，结合各自的实际开展工作。三是各级、各地工会工作和职工队伍的重大问题与事项，要按照组织程序及时报告中华全国总工会。四是全国产业工会和省级地方工会的设立和撤销，其领导班子成员和经费审查委员会领导机构成员，必须报中华全国总工会审批。五是各地方工会、地方产业工会和各基层工会的设立和撤销，其领导班子成员和经费审查委员会领导机构成员必须按照《工会法》《中国工会章程》规定报上一级工会审批。六是未按照《工会法》和《中国工会章程》规定成立的组织，不得称为工会组织。

中国工人运动的历史表明，中国工人阶级的团结和工会组织的统一来之不易，是完成党在不同历史时期的目标和任务的组织保证，是反对敌对势力西化、分化我国工人阶级队伍和工会组织的图谋，维护我国工人阶级和工会组织的团结统一，维护我国职工队伍和社会政治稳定的客观需要，一定要倍加珍惜、长期坚持、不断发展。

8 建立工会组织为什么必须报上一级工会批准？

我国工会是一个统一的组织。基层工会、地方各级总工会、全国或者地方产业工会组织的建立，必须报上一级工会批准，这是《工会法》和《中国工会章程》明确规定的。《工会法》第十二条第一款规定："基层工会、地方各级总工会、全国或者地方产业工会组织的建立，必须报上一级工会批准。"《中国工会章程》第十六条规定："成立或者撤销工会组织，必须经会员大会或者会员代表大会通过，并报上一级工会批准。"之所以这样规定，是因为工会各级组织是按照民主集中制原则建立起来的。组建工会报上一级工会批准，目的是实现全国工会的团结统一，建立全国统一的中华全国总工会，同时，有利于明确工会的隶属关系，接受上级工会的帮助、指导和服务。与此同时，是否经上一级工会批准，是工会组织是否合法存在的重要标志。

建立工会组织必须报上一级工会批准，体现了我国工会的领导体制，保证了我国工会组织的统一性和唯一性。工会是从全国到基层的有组织的群众团体，一方面，要在政治上同党中央保持高度一致，坚持正确的政治方向；另一方面，它应当按照自己的特点和广大会员职工的愿望、依法依章程独立自主地开展工作，这就要有组织上的保证，加强工会的统一领导。

在全国建立统一的中华全国总工会，是根据中国的历史、现实和职工群众的意愿作出的规定，是经历长期的曲折过程逐步实现的。在中国共产党的领导下最广泛地把职工群众组织到工会中来，实现工人阶级的团结和工会组织的统一，是中国工会的一个显著特点和一大优势，目的是使职工群众的力量实现团结、统一，是符合职工群众根本利益的，也是工人阶级当家作主的集中体现。我国工人阶级内部没有根本利害冲突，没有必要分别组织相互独立的甚至对立的群众组织或者社会团体，中国工人阶级的力量就在于它的团结和统一，我国工会组织的统一是建立在广泛民主基础上的统一。因此，为了保持国家和社会的稳定，使广大职工和全国人民一起集中精力进行社会主义现代化建设，必须同分裂工人阶级队伍的行为作斗争，防止出现政治上反对派性质的工会组织。

建立工会组织必须经上一级工会批准，对于防止出现非法的工会团体具有重要作用。按照《工会法》的有关规定，省、自治区、直辖市地方总工会的建立要报全国总工会批准；自治州、市、县总工会的建立要报省、自治区、直辖市总工会批准；自治州所辖市、县总工会的建立要报自治州总工会批准。全国产业工会的建立要报全国总工会批准，地方产业工会的建立，应根据其特点报地方同级总工会或者上级产业工会批准。

9 我国工会实行什么样的领导体制？

2015年印发的《中共中央关于加强和改进党的群团工作的意见》明确指出："群团组织实行分级管理、以同级党委领导为主的体制，工会、共青团、妇联受同级党委和各自上级组织双重领导。地方党委负责指导同级群团组织贯彻落实党的理论和路线方针政策，研究决定群团工作重大问题，管理同级群团组织领导班子，协调群团组织同党政部门的关系及群团组织之间的关系。上级群团组织依法依章程领导或指导下级群团组织工作。地方党委应该注意听取上级群团组织意见，加强沟通协调，形成工作合力。"

《中共中央关于加强和改进党的群团工作的意见》还明确指出："地方党委有关工作会议应该请工会、共青团、妇联等群团组织主要负责人参加或列席。县级以下共青团组织主要负责人按党章规定列席同级党组织有关会议。乡镇（街道）的工会、妇联组织主要负责人可列席同级党委有关会议。工会、共青团、妇联的党员负责人应该考虑作为同级党委委员候选人提名人选。"

根据上述文件等有关规定，我国工会实行同级党委和上级工会双重领导，以同级党组织领导为主的体制。因此，对工会干部的管理也实行同级党组织主管、工会协管的原则，即根据工会干部的职级，按照干部的管理权限，由管理该级干部的党组织主管，上级工会协管。党组织在同级工会领导班子的任免、调动和奖惩上，要事先征求上级工会的意见，协商一致后，再按照《中国工会章程》和有关文件的规定办理。

10 上级工会组织和下级工会组织之间是什么关系？

《工会法》第十条第五款规定："上级工会组织领导下级工会组织。"依法明确了上级工会组织和下级工会组织是领导和被领导的关系，这也是我国工会各级组织按照民主集中制原则建立的含义之一。

"上级工会组织领导下级工会组织"，一方面，是指由工会的全国代表大会讨论决定的全国工会的工作方针和一定时期的全国工会的任务，在代表大会闭会期间由全国总工会执行委员会负责其贯彻执行，领导全国各级工会按代表大会的决议开展工作。地方各级工会的工作方针和一定时期的工作任务，也要在上级工会的领导下按这个原则确定和实施。另一方面，工会的各级领导机关要加强对下级组织的领导和服务，经常向下级组织通报情况，听取下级组织和会员的意见，研究和解决他们提出的问题。工会下级组织要及时向上级组织请示报告工作，这也是民主集中制规定的上下级之间关系的体现，以保证建立正常的工作制度，其目的是保证上级能在充分了解下级组织和会员群众的愿望和要求的基础上作出正确的决定。同时，又能使上级工会组织集中起来的正确意见，得到所有下级组织的正确贯彻执行，这样才能加强工会的系统领导。

11 什么是工会委员会？

工会委员会，是工会会员通过民主选举产生的代表工会的执行机构，负责执行工会会员大会或会员代表大会确定的任务。工会委员会是我国工会各级领导机构的普遍称谓，是委员会制民主制度在我国工会的具体运用。委员会制的基本特征是由会员（代表）大会选举产生委员，并组成委员会。实行委员会制是我国工会作为职工自愿结合的工人阶级群众组织，坚持民主集中制原则在领导体制上的集中体现。在工会会员大会或会员代表大会闭会期间，工会委员会对外代表工会，对内组织工会会员的活动。

《中国工会章程》规定：（1）工会的最高领导机关，是工会的全国代表大会和它所产生的中华全国总工会执行委员会。工会的地方各级领导机关，是工会的地方各级代表大会和它所产生的总工会委员会。（2）工会各级委员会，向同级会员大会或者会员代表大会负责并报告工作，接受会员监督。会员大会和会员代表大会有权撤换或者罢免其所选举的代表和工会委员会组成人员。(3) 工会各级委员会，实行集体领导和分工负责相结合的制度。凡属重大问题由委员会民主讨论，作出决定，委员会成员根据集体的决定和分工，履行自己的职责。(4) 工会基层委员会的委员，应当在会员或者会员代表充分酝酿协商的基础上选举产生。

12 什么是工会经费审查委员会?

工会经费审查委员会是代表会员对工会经费收支及资产管理情况进行审查监督的组织。凡建立一级工会财务管理的工会组织，应在选举工会委员会的同时，选举产生经费审查委员会。《中国工会章程》对工会经费审查委员会的建立、组成原则和职责作用作了以下规定：

(1) 规定各级工会经费审查委员会由同级会员大会或会员代表大会选举产生。凡是经上级工会批准，确立为一级工会组织，在组建工会或换届选举时，工会经费审查委员会人选与同级工会委员会人选同时考察、同时报批、同时选举产生。根据中华全国总工会的有关规定，各级工会经费审查委员会实行等额选举。中华全国总工会经费审查委员会、各级地方总工会经费审查委员会和独立管理经费的全国产业工会经费审查委员会委员实行替补制。

(2) 规定中华全国总工会经费审查委员会设常务委员会，省、自治区、直辖市总工会经费审查委员会和独立管理经费的全国产业工会经费审查委员会应当设常务委员会。

（3）规定各级工会经费审查委员会负责审查同级工会组织及其直属企业、事业单位的经费收支和资产管理情况，监督财经法纪的贯彻执行和工会经费的使用，并接受上级工会经费审查委员会的指导。工会经费审查委员会向同级会员大会或会员代表大会负责并报告工作；在大会闭会期间，向同级工会委员会负责并报告工作。上级工会经费审查委员会应当对下一级工会的经费收支和资产管理情况进行审查。

13 工会经费审查委员会与工会委员会是什么关系？

《中国工会章程》第十三条规定：“工会经费审查委员会向同级会员大会或会员代表大会负责并报告工作；在大会闭会期间，向同级工会委员会负责并报告工作。”由此可见，经费审查委员会和工会委员会都由同级会员大会或会员代表大会选举产生，都向同级会员大会或会员代表大会负责并报告工作，两者的任期、届次也都相同，不同的是两者的职责。

注意：在大会闭会期间，工会经费审查委员会须向同级工会委员会负责并报告工作，两者在组织关系上为领导与被领导的关系。

14 什么是工会女职工委员会?

工会女职工工作是工会工作的重要组成部分，工会女职工组织担负着维护女职工特殊权益的职责。工会女职工委员会是在同级工会委员会领导下的具有民主性、代表性，代表和维护女职工合法权益及特殊利益的内部专门工作委员会。

《工会法》《中国工会章程》及全国总工会印发的《工会女职工委员会工作条例》等对工会女职工委员会的建立及工作任务等都作了明确规定。女职工委员会的任务，即“表达和维护女职工的合法权益”。

（1）关于女职工委员会的建立。《工会法》第十一条规定：“用人单位有会员二十五人以上的，应当建立基层工会委员会；不足二十五人的，可以单独建立基层工会委员会，也可以由两个以上单位的会员联合建立基层工会委员会，也可以选举组织员一人，组织会员开展活动。女职工人数较多的，可以建立工会女职工委员会，在同级工会领导下开展工作；女职工人数较少的，可以在工会委员会中设女职工委员。”

（2）关于女职工委员会的任务。《中国工会章程》第十四条规定：“各级工会建立女职工委员会，表达和维护女职工的合法权益。”同时规定：“企业工会女职工委员会是县或者县以上妇联的团体会员，通过县以上地方工会接受妇联的业务指导。”按照中共中央办公厅有关文件的要求，企业不建立妇联组织，企业工会女职工委员会承担女职工的工作。

15 工会女职工委员会如何产生?

《中国工会章程》第十四条规定：“女职工委员会由同级工会委员会提名，在充分协商的基础上组成或者选举产生，女职工委员会与工会委员会同时建立，在同级工会委员会领导下开展工作。企业工会女职工委员会是县或者县以上妇联的团体会员，通过县以上地方工会接受妇联的业务指导。”《工会女职工委员会工作条例》第十三条规定：“女职工委员会委员由同级工会委员会提名，在充分协商的基础上产生，也可召开女职工大会或女职工代表大会选举产生。”由此可见，女职工委员会的产生方式有两种：一是由同级工会委员会提名，在充分协商的基础上组成；二是由女职工大会或女职工代表大会选举产生。

注意：全国总工会印发的《企业工会工作条例》第四十二条规定：“女职工委员会主任由企业工会女主席或副主席担任。企业工会没有女主席或副主席的，由符合相应条件的工会女职工委员担任，享受同级工会副主席待遇。”《工会女职工委员会工作条例》第十四条规定：“在任期内，由于委员的工作变动等原因需要调整时，由工会女职工委员会提出相应的替补、增补人选，经同级工会委员会审议通过予以替补、增补，并报上级工会女职工委员会备案。”

16 工会女职工委员会与工会委员会是什么关系?

工会女职工委员会是在同级工会委员会领导下和上一级女职工委员会指导下，代表和维护女职工合法权益及特殊利益的女职工组织。《工会法》《中国工会章程》《工会女职工委员会工作条例》《工会基层组织选举工作条例》等对工会女职工委员会都作出了明确规定。

《工会法》第十一条规定：“女职工人数较多的，可以建立工会女职工委员会，在同级工会领导下开展工作；女职工人数较少的，可以在工会委员会中设女职工委员。”《中国工会章程》第十四条规定：“各级工会建立女职工委员会，表达和维护女职工的合法权益。女职工委员会由同级工会委员会提名，在充分协商的基础上组成或者选举产生，女职工委员会与工会委员会同时建立，在同级工会委员会领导下开展工作。企业工会女职工委员会是县或者县以上妇联的团体会员，通过县以上地方工会接受妇联的业务指导。”以上这些规定，主要明确了以下几点。

（1）明确了包括基层工会在内的各级工会建立女职工委员会。即各级工会应在建立工会委员会的同时，建立女职工委员会；工会委员会任期届满进行选举换届时，女职工委员会也应换届。

（2）明确了女职工委员会为在同级工会委员会领导下开展

工作的专门工作委员会。

（3）明确了女职工委员会的两种产生方式：一种是由同级工会委员会提名，在充分协商的基础上组成；另一种是由女职工大会或女职工代表大会选举产生。

《中国工会章程》第十四条规定："女职工委员会由同级工会委员会提名。"这意味着只有在工会委员会产生之后，才能够提名女职工委员会候选人。因此，不能将女职工委员会与工会委员会同时投票选举。那么，如何理解《中国工会章程》和《工会女职工委员会工作条例》规定的"女职工委员会与工会委员会同时建立"，这是指建立了工会委员会，只要符合条件，就应该同时建立女职工委员会，或者设立女职工委员。关于工会委员会对女职工委员会候选人的提名，在酝酿产生工会委员会、经费审查委员会候选人时，可以同步进行女职工委员会候选人的酝酿推荐。经过反复酝酿、充分讨论推荐出的候选人，可以作为建议名单，提交新一届工会委员会。需要强调的是，如果是选举产生女职工委员会，必须严格遵守和认真执行无记名投票、得赞成票数也须超过应到会人数一半方能当选等原则。

注意：如果是选举产生女职工委员会，一定是由女职工大会或女职工代表大会选举产生，不能在会员大会或会员代表大会上选举产生女职工委员会。这是因为，女职工委员会由女性组成，是工会的专门工作委员会，其产生必然在同级工会委员会产生之后。根据中华全国总工会印发的《工会基层组织选举工作条例》第四十条的规定"基层工会女职工委员会主任、副主任名单，与工会委员会选举结果同时报上一级工会批准"以及《工会女职工委员会工作条例》第十二条的规定“基层工会女职工委员会主任、副主任与工会委员会同时报上级工会审批”，女职工委员会在同级工会委员会的领导下开展工作，是工会委员会设立的专门委员会，其产生后，报上一级工会委员会批准，以便于开展工作。

17 什么是工会专门工作委员会?

《中国工会章程》第三十条规定：“基层工会委员会和分厂、车间（科室）委员会，可以根据需要设若干专门委员会或者专门小组。”工会专门工作委员会、工作小组是基层工会组织体制中的重要组成部分。一般可设立组织工作委员会、宣传工作委员会、生产工作委员会、生活工作委员会、劳动保护工作委员会、女职工工作委员会、财务工作委员会等。

工会专门工作委员会的主要任务是：研究和落实本级工会委员会的工作，组织开展工会专项业务活动，处理有关建议、提案，检查、督促和协助行政有关方面贯彻工会委员会的有关决议，完成工会委员会交办的其他事项。各工作委员会的组成人选，由工会委员会推选或选聘工会积极分子组成，设主任 1 人，必要时设副主任 1 人。专门工作委员会主任，通常由分管这方面工作的工会委员兼任。工会专门工作委员会的具体设置由基层工会根据工作任务的实际情况自行确定。

注意：基层工会内部成立的篮球协会、书画协会等在工会内部活动的兴趣组织，不属于工会的专门委员会，也不需要进行注册登记。

18 工会各级组织建立的原则是什么？

《工会法》第十条第一款规定：“工会各级组织按照民主集中制原则建立。”《中国工会章程》第九条也明确规定，“中国工会实行民主集中制”，并对其主要内容作了具体规定。民主集中制原则是我国工会始终坚持的组织原则，工会组织和会员都必须按照这个原则进行活动。这一原则体现了中国工会作为工人阶级的群众组织的性质，体现了中国共产党领导下的中国工会的根本特征。工会各级组织按照民主集中制原则的建立，具体体现在以下几个方面：

（1）各级工会委员会由会员大会或者会员代表大会民主选举产生，这是实现民主集中制的重要保证。这是因为，工会的地方各级代表大会和工会委员会是地方各级工会的领导机关，它们的产生，要充分体现选举人的意志。由会员民主选举工会干部并对工会干部实行监督，体现了会员在工会内的民主权利，必然增强会员的责任感，发挥他们的积极性、主动性和创造性。

（2）各级工会委员会向同级会员大会或者代表大会负责并报告工作，并接受其监督。各级工会委员会是由会员大会或者会员代表大会选举产生的，各级工会委员会在代表大会闭会期间负责贯彻执行上级工会的决定和同级工会代表大会的决议，领导本地区的工会工作，必须向大会负责，并向大会报告大会所决定的工作任务的完成情况、经费的使用情况以及大会认为有必要报告的其他情况，接受全体会员的监督。

（3）会员大会或者会员代表大会有权撤换或者罢免其所选举的代表或者工会委员会组成人员。罢免权是监督权的重要内容，撤换和罢免是工会会员对会员代表和工会委员会委员、会员代表对工会委员会委员实施监督的有效形式之一。工会会员认为会员代表或者工会委员会委员有违法、违反章程或者失职、不称职以及其他违背工会会员意志的行为，可以要求撤换或者罢免其选举的会员代表或者工会委员会委员；会员代表认为工会委员会委员有违法、违反章程或者失职、不称职以及其他违背工会会员或者会员代表意志的行为，也可以要求撤换或者罢免工会委员会委员。不论是要求撤换还是要求罢免会员代表或者工会委员会委员，都要严格依照民主集中制的活动原则，坚持少数服从多数的原则，按照严格的程序办事，做到监督规范化。

（4）上级工会组织领导下级工会组织。贯彻民主集中制原则，要求各级工会组织在接受同级党组织领导为主的同时，必须接受上级工会的领导。与此同时，工会的各级领导机关要加强对下级组织的领导和服务，经常向下级组织通报情况，听取下级组织和会员的意见，研究和解决他们提出的问题。这样，才能使上级工会组织集中起来的正确意见，得到所有下级组织的正确贯彻执行。

19 什么是工会的派出代表机关?

《中国工会章程》第十二条第一款规定:“县和县以上各级地方总工会委员会,根据工作需要可以派出代表机关。”第二十二条规定:“根据工作需要,省、自治区总工会可在地区设派出代表机关。”这些代表机关不是一级工会组织,而是上级工会派出的工会办事处或工会工作委员会。工会办事处一般是在地区设立,工会工作委员会一般由上一级工会在下一级组织设立。办事处和工作委员会都是上级工会的派出机关,按照上级工会的要求,代表上级工会行使职权。办事处和工作委员会设主任1人,副主任若干人,组成领导机构。

上级工会派出的工会办事处或工会工作委员会,一般不具有独立的社会团体法人资格。工会办事处和工会工作委员会作为派出机关不能再下设办事处和工作委员会。

20 工会派出代表机关是一级工会组织吗?

《工会法》对于工会派出代表机关未作明确规定。《中国工会章程》第十二条规定:“县和县以上各级地方总工会委员会,根据工作需要可以派出代表机关。”第二十二条规定:“根据工作需要,省、自治区总工会可在地区设派出代表机关。”由此可见，工会派出代表机关并非按照民主集中制原则建立，未设立会员大会或会员代表大会等权力机构，也不具备通过民主选举程序产生的组织机构，不是一级工会组织。因此，尽管《中国工会章程》有关派出代表机关的规定具有现实意义，却不能据此认为工会派出代表机关就是一级工会组织。

21 什么是工会工作委员会?

工会工作委员会是同级地方工会的派出机构。工会工作委员会简称“工委”(党派出的工作委员会简称“党工委”)。工会工作委员会负责人为主任，工会工作委员会主任由干部主管部门委派，不用选举。工会工作委员会作为同级地方工会的派出机构，不是一级组织，不独立管理工会经费，如果要独立管理经费须经同级地方工会授权。

根据《中国工会章程》第二十二条的规定：“根据工作需要，省、自治区总工会可在地区设派出代表机关。”1995 年，全国总工会在《关于加强机关工会工作的若干问题的试行意见》中提出：各省、地（市）、县（市）机关暂不具备条件成立直属机关工会委员会或工会联合会的，也可以成立直属机关工会工作委员会，作为同级地方工会的派出机构。1997 年，全国总工会在《关于推进工会改革和建设若干问题的意见（试行)》中提出：可根据不同情况建立乡镇、街道工会委员会或工作委员会。按照这些规定，工会工作委员会主要适用于难以召开会员代表大会的地区及机关、乡镇、街道工会等。

22 工会委员会与工会工作委员会有什么区别?

工会委员会与工会工作委员会的区别主要有以下几点：一是工会工作委员会的领导成员由上级工会指派，而作为一级工会委员会的领导成员必须经过一定的民主程序，由会员（代表）大会选举产生。二是工会工作委员会对派出机关负责并报告工作，工会委员会必须对同级会员（代表）大会负责，定期报告工作。三是工会工作委员会不能召开会员（代表）大会，而工会委员会应当依照《中国工会章程》的规定组织召开会员（代表）大会，审议和批准同级工会委员会和工会经费审查委员会的工作报告，选举新一届工会委员会和工会经费审查委员会。

ZU ZHI YUAN ZE HE
ZU ZHI ZHI DU

第二部分

组织原则和组织制度

23 什么是工会组织原则?

工会组织原则是指工会在组织方式、领导体制及内部组织关系处理等方面的基本准则。它是工会组织的性质、特点和工会组织坚持的政治路线、组织路线、群众路线在工会组织建设上的具体要求和集中体现。确立和实行科学的工会组织原则，是我国工会组织遵循客观规律、坚持正确发展方向、依照法律和章程加强组织建设的重要条件，是不断改革、创新、完善我国工会组织体系，优化工会领导体制，更好地实现工会组织目标，发挥社会作用的重要保证。

根据《工会法》和《中国工会章程》的有关规定，我国工会确立和实行的组织原则，主要包括以下六个方面：（1）自觉坚持中国共产党领导的原则。（2）团结统一原则。（3）民主集中制原则。（4）产业和地方相结合的组织领导原则。（5）自愿结合原则。（6）群众化和民主化原则。准确理解各个原则的具体内涵和要求，是指导我们解决工会组织工作实践中具体问题的基础和前提。

24 什么是自觉坚持中国共产党领导的原则?

自觉坚持中国共产党领导的原则，即工会实行同级党组织和上级工会组织的双重领导，以同级党组织领导为主的原则。工会自觉接受党的领导，是由中国工会的性质和特点所决定的一个重要的组织原则，是工会在党的领导下，坚持走中国特色社会主义工会发展道路，坚持工会工作正确的政治方向和充分发挥工会作用的本质要求。

中国工会是中国共产党领导的工人阶级群众组织，坚持自觉接受党的领导是做好工会工作的根本保证。《工会法》和《中国工会章程》等对中国工会自觉接受党的领导都有明确规定。《工会法》第二条规定："工会是中国共产党领导的职工自愿结合的工人阶级群众组织，是中国共产党联系职工群众的桥梁和纽带。"《中国工会章程》在总则中也明确规定："中国工会是中国共产党领导的职工自愿结合的工人阶级群众组织，是党联系职工群众的桥梁和纽带，是国家政权的重要社会支柱，是会员和职工利益的代表。"

工会自觉接受党的领导，必须始终在思想上、政治上、行动上同党中央保持高度一致，从自身的性质和特点出发，把自觉接受党的领导同按照法律和工会章程独立自主地开展工作紧密结合起来，把对党负责与对职工负责紧密结合起来，把贯彻党的主张和反映职工群众的愿望紧密结合起来。在政治上坚持党指引的方向，在思想上以党的理论武装头脑，在组织上接受党组织的领导，在各级工会建立党组织，充分发挥工会中党组织的领导核心作用、战斗堡垒作用和党员的先锋模范作用，通过工会的决议、政策等，把党的理论和路线方针政策以及党的决策部署真正转化为工会组织和广大职工的自觉行动，把职工群众紧密团结在党的周围，始终做党联系职工群众的桥梁和纽带。

贯彻这一组织原则的基本要求是：

（1）工会首先要自觉接受党组织的领导，认真贯彻党中央和上级党组织对工会工作的重要指示，工会工作中的重大问题及时向党组织汇报，提请党组织研究决定。这些重大问题一般包括：①贯彻上级工会的重要决议和工作部署；②召开本级工会代表大会的方案、工作报告和主要领导人的提名人选；③涉及职工切身利益的重大政策性问题；④就重大政治、经济和社会问题需要公开表明的态度和主张；⑤对处理重大职工突发性事件的意见和建议；⑥年度工作计划和工会重大活动安排；⑦工会建设和改革中的重大问题；⑧工会工作中需要党组织协调的重要问题。

（2）工会在接受同级党组织领导的同时，接受上级工会的领导。其基本要求是：①认真贯彻上级工会的重要决议和工作部署；②按照《中国工会章程》的有关规定和上级工会的要求，各级工会委员会的选举结果，报上级工会批准；③各级工会主席、副主席未经同级工会委员会和上级工会批准，不得随意调动其工作；④工会工作重大事项及时向上级工会报告。

注意：实践中，没有建立党组织的单位，其工会组织直接接受上级工会的领导，属于党组织研究决定的事项，包括工会领导人的推荐、提名、换届选举结果和届中人事变动情况等，由上级工会党组织决定。

25 什么是团结统一原则？

团结统一原则是指我国工会坚持建立全国统一的中华全国总工会。坚持工会组织的团结统一，事关中国工会的性质，事关中国工运事业的发展。在中国共产党的领导下最广泛地把职工群众组织到工会中来，实现工人阶级的团结和工会组织的统一，是经历长期的曲折过程逐步实现的，是中国工人阶级的重大斗争成果，是中国工会的一个显著特点和一大优势。我国《工会法》和《中国工会章程》都明确规定，全国建立统一的中华全国总工会。中华全国总工会是各地方总工会和各产业工会全国组织的领导机关。这是坚持走中国特色社会主义工会发展道路的重要原则，是维护工人阶级利益和实现工人阶级团结的重要保障。

这一原则的基本要求是：（1）中华全国总工会是中国境内唯一合法的工会组织，是中国境内各级各类工会组织的最高领导机关，负责领导全国工会工作。（2）在中国境内建立的各级各类工会组织都是中华全国总工会的下级或基层组织，必须认真贯彻中华全国总工会提出的工会工作方针和作出的决议，按照中华全国总工会的工作部署和要求，结合各自的实际开展工作。（3）各级工会工作和职工队伍的重大问题和事项，要按照组织程序及时报告中华全国总工会。（4）全国产业工会和省级地方工会的设立和撤销，其领导班子成员和经费审查委员会领导机构成员，须报中华全国总工会审批。(5) 各地方工会、地方产业工会和各基层工会的设立和撤销，其领导班子成员和经费审查委员会领导机构成员，必须按照《工会法》和《中国工会章程》规定报上一级工会审批。(6) 未按照《工会法》和《中国工会章程》规定成立的组织，不得称为工会组织。

26 什么是民主集中制原则?

民主集中制是指一个组织研究决定重大问题和开展工作时，在充分听取组织成员意见、发扬民主的基础上，集中大多数人的意见作出正确决策的制度。民主集中制是民主与集中的统一，是民主制和集中制的结合，是在高度民主的基础上实行的高度集中。

民主集中制原则是我国工会始终坚持的组织原则。《工会法》第十条规定：“工会各级组织按照民主集中制原则建立。”《中国工会章程》第九条规定，“中国工会实行民主集中制”，并对民主集中制原则的主要内容作了如下规定：(1) 个人服从组织，少数服从多数，下级组织服从上级组织。(2) 工会的各级领导机关，除它们派出的代表机关外，都由民主选举产生。(3) 工会的最高领导机关，是工会的全国代表大会和它所产生的中华全国总工会执行委员会，工会的地方各级领导机关，是工会的地方各级代表大会和它所产生的总工会委员会。(4) 工会各级委员会，向同级会员大会或者会员代表大会负责并报告工作，接受会员监督。会员大会和会员代表大会有权撤换或者罢免其所选举的代表和工会委员会组成人员。（5）工会各级委员会，实行集体领导和分工负责相结合的制度。凡属重大问题由委员会民主讨论，作出决定，委员会成员根据集体的决定和分工，履行自己的职责。（6）工会各级领导机关，加强对下级组织的领导和服务，经常向下级组织通报情况，听取下级组织和会员的意见，研究和解决他们提出的问题。下级组织应及时向上级组织请示报告工作。

民主集中制的六项内容，集中确立了两个方面的要求：（1）会员个人服从组织，少数服从多数，下级组织服从上级组织。这是民主集中制最基本的精神，也是工会实现群众化、民主化的根本要求。会员个人服从组织，实质上是服从多数人的意见。因为组织是按照多数会员的意志民主选举出来的机构，它作出的决议充分体现了大多数会员的意愿和要求。少数服从多数是民主基础上的集中，这是民主集中制的灵魂。下级组织服从上级组织，是在更大范围内坚持少数服从多数原则的体现。可见，“三个服从”都是在充分发扬民主基础上的高度集中，因为只有在充分发扬民主的基础上才能集中大多数人的正确意见，才能求同存异，形成共同的行动准则。（2）按照群众组织的性质和特点，建立充分体现群众化、民主化要求的领导机构和工作制度。从第二项到第六项都贯穿着这一要求。如工会的各级领导机构都要坚持民主选举；工会领导人要接受工会会员的监督；实行集体领导和分工负责制；对重大情况和问题上下级之间要及时通报和报告等。

27 什么是产业和地方相结合的组织领导原则？

《中国工会章程》在总则和第十一条都明确规定：“中国工会实行产业和地方相结合的组织领导原则。”产业和地方相结合的组织领导原则，集中体现了中国特色社会主义工会组织结构的特点。我国工会实行产业和地方相结合的组织领导原则，这既是历史的产物，也是现实的选择，有其内在的必然性与现实的合理性。

产业和地方相结合的组织领导原则的基本要求是：（1）同一企业、事业单位、机关和其他社会组织中的会员，组织在一个工会基层组织中。（2）同一行业或者性质相近的几个行业，可以根据需要建立全国的或者地方的产业工会。（3）按照行政区划，在省、自治区、直辖市，设区的市和自治州，县（旗）、自治县、不设区的市建立地方总工会。地方总工会是当地地方工会组织和产业工会地方组织的领导机关。（4）产业工会全国组织的设置，由中华全国总工会根据需要确定。各级地方产业工会组织的设置，由同级地方总工会根据本地区实际情况确定。（5）全国建立统一的中华全国总工会，中华全国总工会是各地方总工会和各产业工会全国组织的领导机关。

产业和地方相结合的组织领导原则，是与我国政治体制和行政管理体制相适应、经过实践检验正确的组织领导原则。其重要意义和作用在于：（1）适应了我国基本国情的要求。我国幅员辽阔，工会会员人数多，分布广，单靠产业工会或地方工会难以实现对所有基层工会的覆盖和领导。而二者结合则可发挥工会的整体功能：凡属地方性强的工作由地方工会负责；凡属产业特殊性的工作由产业工会负责，二者相辅相成，相得益彰。（2）有利于加强党对工会工作的领导。我国的政治体制是在党中央的统一领导下，由各级地方党委对本地区工作实行全面领导。工会实行产业和地方相结合的组织领导原则，有利于把各地区、各产业的职工广泛统一地组织起来，强化党对工人运动的领导。（3）有利于工会从地方和产业两个渠道参与政府经济和社会管理，及时反映职工群众的愿望和要求，维护职工合法权益。（4）有利于维护我国工人阶级的团结统一。按照产业原则能够把一个企事业单位和同一或相近几个国民经济部门的职工组织在一起；按照地方原则又可把同一地域的职工联合在一起。通过这种条块结合，使我国工人阶级在全国总工会的组织下实现了广泛的团结和统一。（5）有利于发挥地方工会和产业工会两个积极性，使之优势互补，纵横相济，更好地完成工会的各项工作任务。

28 什么是自愿结合原则？

自愿结合原则是我国工会确立的、职工组建和加入工会必须坚持自觉自愿态度的基本组织原则和重要法律原则，是我国工会“中国共产党领导的职工自愿结合的工人阶级群众组织”

基本性质的充分体现。自愿结合原则的基本要求和重要意义主要体现在以下几个方面：

（1）职工依法组织和加入工会或者退出工会，完全是自己的一种选择，任何组织和个人不得强迫。这一原则集中体现了职工结社自由的法律规定，即职工有权按照自己的意愿，自由地、不受任何人和任何组织干预和强迫地作出组织或不组织工会、参加或不参加工会的决定，并有权自行决定是否退出工会。为此，《中国工会章程》第六条也明确规定会员有退会自由。

（2）参加和组织工会是每个职工的权利，只要他自愿加入，任何组织和个人不得阻挠和限制。《工会法》第五十一条明确规定："违反本法第三条、第十二条规定，阻挠职工依法参加和组织工会或者阻挠上级工会帮助、指导职工筹建工会的，由劳动行政部门责令其改正；拒不改正的，由劳动行政部门提请县级以上人民政府处理；以暴力、威胁等手段阻挠造成严重后果，构成犯罪的，依法追究刑事责任。"

（3）职工自愿加入工会，但绝不是自发加入工会，需要工会组织深入职工中进行大量的宣传和组织工作。《工会法》第十二条第二款也明确规定："上级工会可以派员帮助和指导企业职工组建工会，任何单位和个人不得阻挠。"不但不能阻挠，《工会法》第四十六条规定："各级人民政府和用人单位应当为工会办公和开展活动，提供必要的设施和活动场所等物质条件。"

（4）工会的各项活动也要靠会员群众的自觉自愿参加来开展。因为，既然工会是职工自愿结合的组织，那么它的活动也就不应该也不可能依靠强制，都应从广大职工和会员群众的意愿和要求出发，适应大多数会员和职工的觉悟程度，都必须忠实地体现广大职工群众的利益追求。

（5）从根本上讲，它要求工会一定要树立一切为了职工群众、一切依靠职工群众的思想。工会是职工群众自愿结合的组织，这一性质决定了工会与职工群众有着天然的、比任何组织更为密切的关系。职工群众离不开工会，因为工会对职工群众有着组织、团结、教育和保护的作用；但工会更离不开职工群众，因为职工群众是工会的基础，是职工群众创造了工会并赋予了工会力量。脱离了职工群众，也就没有了工会组织；离开了职工群众自觉自愿的社会实践活动，就没有工会运动和工会组织的社会作用。因此，坚持自愿结合原则的实质在于，工会不仅应把它作为必须坚持的组织原则，还必须由此升华，把一切为了职工群众、一切依靠职工群众作为工会安身立命的根本思想原则。

29 什么是群众化和民主化原则?

《中国工会章程》在总则中明确规定："坚持群众化、民主化，保持同会员群众的密切联系，依靠会员群众开展工会工作。"群众化和民主化是工会组织建设的根本性原则，是工会组织自身健全和完善的目标。

工会的群众化，是指工会防止和克服脱离群众的倾向，密切同群众的联系，使工会真正成为职工群众自己的组织。它是工会组织建设的基础，是工会活力和动力的源泉，是工会发挥应有作用的基本条件。

工会的民主化，是指工会防止和克服行政化、机关化的倾向，在工会内部充分发扬民主的活动和趋向。它是工会的灵魂和根基，是职工群众作为工会组织主体和主人的基本体现，是工会组织充满生机和活力的根本要求。

在工会组织工作中坚持群众化与民主化原则的基本要求是：

（1）工会组织工作要努力体现会员和职工群众的意愿和要求，在指导思想、组织体制、活动内容、工作作风等方面充分体现群众性的特点。要努力建立一个能够广泛联合包括农民工在内的强大的工会组织体系；要全力培养和选拔一大批能够密切联系群众、敢于和善于代表和维护职工合法权益的高素质工会干部。

（2）工会组织工作必须充分发扬民主，建立健全各项民主制度，保障会员群众在工会内部事务上真正当家作主的权利，实现民主办工会，依靠群众办工会。

（3）工会必须始终把组织工作的重点放在基层。因为会员和职工群众都在基层，工会组织建设的各项任务都需要通过基层工会的正确实践来完成。因而，把基层工会搞活，特别是把基层企业、事业单位工会搞活，是工会永葆生机和活力的关键，是实现工会群众化、民主化的基础，是工会组织建设的决定性环节，理应成为工会组织工作的重点。

30 什么是工会组织制度？

工会组织制度是用法律和规章的形式确定的工会各级组织和工会会员共同遵守的办事规则。它是工会组织的性质、特点对工会组织体制、活动方式、工作机制的规范要求和法制体现，是工会运动规律和工会工作经验的凝结，是工会组织建设的重要方面。根据《工会法》和《中国工会章程》的有关规定，我国工会确立和实行的组织制度主要有：一是联合制、代表制；二是会员大会或会员代表大会制度；三是民主选举制度；四是基层工会会员代表大会代表常任制；五是委员替补制。

31 什么是联合制、代表制？

联合制、代表制是指工会领导机构由其所属基层工会或下级工会的代表组成，按自下而上联合、代表的原则组建工会并开展活动的一种工会组织制度。1993 年，中国工会十二大正式将联合制、代表制写入《中国工会章程》。

联合制、代表制的基本内容：（1）工会基层组织由会员大会或会员代表大会选举本级工会领导人。（2）基层以上的各级工会是下一级工会组织的联合体，其领导机构应主要由下一级工会民主选举产生的主要领导人组成，是下一级工会的领导机关和代表机关，即各级工会的领导机构由其所属基层工会和下级工会的代表联合组成。（3）参加上级工会领导机构的成员可以实行替补制，当其不再担任工会组织的原领导职务时，由其原工会组织新当选的主要领导人，经过一定的民主程序予以替补。（4）按照联合制、代表制建立的工会组织，根据工作需要，领导机构可以吸收有关方面的代表参加。其作为一级工会组织，依照法律和《中国工会章程》的规定，享有工会组织的权利和义务，具备民法规定的法人条件的，依法取得社会团体法人资格。工会主席是本级工会组织的社团法人代表。

按照联合制、代表制原则组成工会委员会，能够较好地体现工会民主性和工会领导机构的代表性，解决了许多产业工会难以召开代表大会、工会领导机构不健全等问题。同时，在组织体制上理顺了工会内部的组织领导体制，实现了上级代表下级，工会代表职工，各级工会为基层、为职工服务的要求。从根本上说，这一组织制度体现了工会性质和任务的内在要求，理顺了工会组织内部的本质关系。

32 实施联合制、代表制的范围是什么？

关于实行联合制、代表制的范围，在《中国工会章程》第十二条作了明确规定：“全国产业工会、各级地方产业工会、乡镇工会和城市街道工会的委员会，可以按照联合制、代表制原则，由下一级工会组织民主选举的主要负责人和适当比例的有关方面代表组成。”

根据《中国工会章程》的规定，目前10个全国产业工会中，召开全国代表大会的仅有中华全国铁路总工会1个，其余9个产业工会全国委员会都是按照联合制、代表制原则组成的。一些地方产业工会和城市街道工会也相继按照这一原则建立了工会委员会。

33 什么是会员大会或会员代表大会制度？

各级工会会员大会或会员代表大会是同级工会的最高领导机关，是工会讨论、决定工会重大事项和选举工会领导机构的权力机关。《中国工会章程》第九条规定：“工会的最高领导机关，是工会的全国代表大会和它所产生的中华全国总工会执行委员会。工会的地方各级领导机关，是工会的地方各级代表大会和它所产生的总工会委员会。”基层工会的领导机关是基层工会会员大会或会员代表大会及其所产生的基层工会委员会。会员大会或会员代表大会是工会的一项根本性的制度。坚持和健全工会的会员大会或会员代表大会制度，对于加强工会组织建设，实现工会组织的民主集中制，推进工会组织的群众化、民主化、法治化具有决定性的意义。

34 工会会员大会或会员代表大会的职权是什么?

关于会员大会或会员代表大会的职权,《中国工会章程》作了明确规定。总括而言,各级工会会员大会或会员代表大会的基本职权主要有三项:(1)审议和批准工会委员会的工作报告。(2)审议和批准工会委员会的收支情况报告和经费审查委员会的工作报告。(3)选举同级工会委员会和经费审查委员会。除此之外,工会全国代表大会还有修改《中国工会章程》的职权,各级地方工会和基层工会会员大会或会员代表大会还有对本级或本单位工会领导人进行民主评议和民主测评、选举出席上级工会代表大会代表的职权。

35 什么是民主选举制度?

《中国工会章程》规定,工会各级代表大会的代表和工会委员会均实行民主选举制。工会的民主选举是工会组织性质的本质体现,是推进工会组织群众化、民主化、法治化的重要组织制度。工会作为中国共产党领导的职工自愿结合的群众组织,必须认真贯彻民主集中制原则,充分保障全体会员享有选举、监督、撤换或者罢免其所选举的会员代表或者工会委员会组成人员的民主权利,工会确立的民主选举制度是落实会员民主权利的基本保证。

民主选举的基本要求。实行工会民主选举制度，应坚持党管干部的原则，按规定履行干部考察等必经程序，以保证人选合格。要贯彻公平、公正、公开、依法合规的原则，加强组织领导，规范选举程序，切实保障会员依法行使民主选举的权利。要依照《工会法》和《中国工会章程》规范工会主席、工会委员候选人的产生环节，其中，单位行政负责人、法定代表人、合伙人及其近亲属不得作为工会主席候选人。对于不履行民主程序，随意任命、调动、撤换工会主席、副主席的错误做法和违法行为，要依法依规坚决予以纠正。

36 什么是基层工会会员代表大会代表常任制？

基层工会会员代表大会代表常任制，是指基层工会会员代表大会的代表在任期内，始终具有代表资格、履行代表权利和义务的制度。会员代表对原选举单位会员负责，接受原选举单位的监督。会员和原选举单位对违法乱纪和严重失职的会员代表有权提出罢免的要求。代表的罢免必须经过原选举单位全体会员过半数通过，并经基层工会委员会审批。

基层工会会员代表大会代表常任制的依据是《中国工会章程》，其中规定："工会基层组织的会员大会或者会员代表大会，每年至少召开一次。"同时，规定了基层工会"会员代表大会的代表实行常任制，任期与本单位工会委员会相同"。

基层工会会员代表大会代表常任制的具体含义：（1）基层工会会员代表大会的代表在规定的任期内，作为常任代表，始终享有代表的资格，履行代表的权利和义务。（2）常任制代表的任期与基层工会代表大会的届期一致，即从每届工会会员代表大会举行第一次会议开始，到下届本级工会会员代表大会选举工作完成后止。（3）会员代表可以连选连任。（4）会员代表在任期内，如因调离工作单位或退休等原因，不能继续履行会员代表职责时，会员代表资格自然免除。原选举单位出现的会员代表缺额，由原选举单位全体会员另行选举，报请基层工会审定。（5）会员代表在任期内，只是在原工作单位内部调整了工作部门（岗位），依然能够了解和掌握原选举单位工会工作情况，代表原选举单位履行会员代表职责的，可以继续担任会员代表。待到召开工会代表大会换届时，再按照分配的名额进行重选。（6）基层工会要在保障会员代表权利的同时，充分发挥会员代表的作用，采取多种方式为他们参与工会事务创造条件。

37 基层工会会员代表大会代表常任制的意义？

实行基层工会会员代表常任制，是基层工会组织制度的一项重要改革，不仅使会员代表任期延长，在任期内始终具有代表资格，而且扩大了会员代表的权利范围，使其在工会会员代表大会闭幕期间仍能够履行会员代表的职责，更好地行使会员代表的权利，履行会员代表的义务。更重要的是，其从制度上保证让会员代表经常参与工会事务，使工会的工作和活动都置于会员的监督之下，有效推进工会工作的群众化、民主化。

38 基层工会会员代表的职责是什么?

根据全国总工会印发的《基层工会会员代表大会条例》第二十条的规定，基层工会会员代表具有以下职责：

（1）带头执行党的路线、方针、政策，自觉遵守国家法律法规和本单位的规章制度，努力完成生产、工作任务。

（2）在广泛听取会员意见和建议的基础上，向会员代表大会提出提案。

（3）参加会员代表大会，听取基层工会委员会和经费审查委员会的工作报告，讨论和审议代表大会的各项议题，提出审议意见和建议。

（4）对基层工会委员会及代表大会各专门委员会（小组）的工作进行评议，提出批评、建议；对基层工会主席、副主席进行民主评议和民主测评，提出奖惩和任免建议。

（5）保持与选举单位会员群众的密切联系，热心为会员说话办事，积极为做好工会各项工作献计献策。

（6）积极宣传贯彻会员代表大会的决议精神，对工会委员会落实会员代表大会决议情况进行监督检查，团结和带动会员群众完成会员代表大会提出的各项任务。

39 基层工会会员代表大会代表常任制在实践中是如何落实的?

各级工会在落实基层工会会员代表大会代表常任制这一制度的实践中，主要有以下几种方式：

（1）注重强化制度保障。从制度机制上进行规范，保证会员代表无论是在会员代表大会召开期间还是闭会期间，都能经常性、不间断地发挥作用。例如，有的建立了代表年会制、联系制度、活动制度、提案制度等，有的建立了学习培训、联系沟通、意见处理、关爱服务等制度，有的制定了代表例会、提案、视察、联系和评议等制度，有的建立了情况通报、代表联系、征求意见、定期调研、巡视、评议、执行、考核“八项”制度。

（2）注重创新载体。很多地方工会在落实这一制度过程中不断开拓创新，抓好结合，充分利用好工会内外各种资源，通过活动载体来落实基层工会会员代表常任制。例如，有的将基层工会会员代表常任制拓展到乡镇（街道）工会，将会员代表常任制与会务公开、会员评家等活动相结合，与基层工会规范化建设、建设职工之家、创建模范乡镇（街道）相结合；有的开展了工会代表督查调研厂务公开活动，成为充分开发工代会代表资源、发挥工代会代表作用的重要举措，也为加强厂务公开督查工作提供了一条新思路；有的在每届会员代表大会上对会员代表履职情况进行评议，并将代表职责、承诺、联系方式进行公开，增强了会员代表的责任意识；有的还开展了“人大代表和工会会员代表联巡”“工会会员代表进企业”“工会会员代表接访”等活动，扩大了会员代表常任制的社会影响。

40 什么是委员替补制？

委员替补制是与联合制、代表制原则相联系的一项组织制度，是工会组织制度改革的重要内容和具体步骤。委员替补制，是按照 1988 年中国工会十一大工作报告中提出的“全国总工会本届执行委员会和经费审查委员会的委员将实行替补制”的要求，由 1989 年中华全国总工会第十一届执行委员会第二次全体会议通过的《关于中华全国总工会执行委员会和经费审查委员会委员替补、增补的暂行规定》建立的。

为及时健全工会组织的领导机构，体现领导机构的代表性，更好地贯彻民主集中制原则，1993 年，中国工会十二大正式将替补制写入《中国工会章程》。《中国工会章程》第十一条第三款规定：“中华全国总工会执行委员会委员和产业工会全国委员会委员实行替补制，各级地方总工会委员会委员和地方产业工会委员会委员，也可以实行替补制。”第十三条第三款规定：“中华全国总工会经费审查委员会委员实行替补制，各级地方总工会经费审查委员会委员和独立管理经费的产业工会经费审查委员会委员，也可以实行替补制。”中国工会十二大以来，按照《中国工会章程》的规定，大多数省级工会和全国产业工会都实行了工会执行委员会委员和经费审查委员会委员的替补制。

实行委员替补制是因为各级工会委员会委员及经费审查委员会委员必须由会员大会或会员代表大会民主选举产生，而不能由党委或工会组织直接委派任命。当这些委员名额出现空缺后，也必须按照民主选举的程序进行候补，而不能由工会委员会选定，也不能由上级指定。会员大会或会员代表大会的召开，是有严格的时间、程序要求的，不是特殊情况，不能随意召开，以保证会员大会和会员代表大会的严肃性、权威性。因此，缺额的工会委员会委员或经费审查委员会委员，要到下一次会员代表大会或会员大会召开时才能补选，在这段时间就会出现空缺。同时，工会委员会委员在任期内的变动又是难免的，特别是现在人才流动、企业改组、机构调整，工会委员的变动越来越频繁，如果都等到会员大会或会员代表大会召开时再进行补选，一是时间太长，二是程序复杂。这种情况需要进行调整，但调整又不能违背工会委员会委员必须是民主选举产生的原则。基于这两方面的考虑，《中国工会章程》明确了替补制。实行委员替补制，有利于保持工会领导机构组成的合理性和工作的连续性，更好地发挥工会领导研究工作和决定工会重大事项的民主、代表作用。

QUAN GUO GONG HUI ZU ZHI

第三部分

全国工会组织

41 什么是工会的最高领导机关？

《中国工会章程》第九条明确规定："工会的最高领导机关，是工会的全国代表大会和它所产生的中华全国总工会执行委员会。"

根据《中国工会章程》第十七条的规定："中国工会全国代表大会，每五年举行一次，由中华全国总工会执行委员会召集。在特殊情况下，由中华全国总工会执行委员会主席团提议，经执行委员会全体会议通过，可以提前或者延期举行。代表名额和代表选举办法由中华全国总工会决定。"

根据《中国工会章程》第十八条的规定："中国工会全国代表大会的职权是：（一）审议和批准中华全国总工会执行委员会的工作报告。（二）审议和批准中华全国总工会执行委员会的经费收支情况报告和经费审查委员会的工作报告。（三）修改中国工会章程。（四）选举中华全国总工会执行委员会和经费审查委员会。"

从以上四项职权来看，中华全国总工会执行委员会由中国工会全国代表大会选举产生，对中国工会全国代表大会负责。《中国工会章程》由中国工会全国代表大会修改，中国工会全国代表大会在工会组织体系中具有最高权力。

《中国工会章程》第十九条规定："中华全国总工会执行委员会，在全国代表大会闭会期间，负责贯彻执行全国代表大会的决议，领导全国工会工作。”“执行委员会全体会议由主席团召集，每年至少举行一次。”由此可见，从领导中国工会全国代表大会闭会期间全国工会工作的角度来看，中华全国总工会执行委员会是工会的最高领导机关。中华全国总工会执行委员会的任期，与中国工会全国代表大会届期相同，每届任期5年。

42 中国工会全国代表大会如何召集?

根据《中国工会章程》第十七条的规定：“中国工会全国代表大会，每五年举行一次，由中华全国总工会执行委员会召集。在特殊情况下，由中华全国总工会执行委员会主席团提议，经执行委员会全体会议通过，可以提前或者延期举行。代表名额和代表选举办法由中华全国总工会决定。”

43 中国工会全国代表大会的职权有哪些?

根据《中国工会章程》第十八条的规定：“中国工会全国代表大会的职权是：（一）审议和批准中华全国总工会执行委员会的工作报告。（二）审议和批准中华全国总工会执行委员会的经费收支情况报告和经费审查委员会的工作报告。（三）修改中国工会章程。（四）选举中华全国总工会执行委员会和经费审查委员会。”

44 中华全国总工会执行委员会主席团是如何组成的？

根据《中国工会章程》第十九条的规定，中华全国总工会执行委员会主席团由执行委员会全体会议选举产生，中华全国总工会执行委员会全体会议选举主席一人、副主席若干人、主席团委员若干人组成主席团。

因而，中华全国总工会执行委员会主席团成员由两部分组成：一部分是中华全国总工会执行委员会全体会议选举产生的主席或副主席；另一部分是中华全国总工会执行委员会全体会议选举产生的主席团委员。

45 什么是中华全国总工会执行委员会主席团主席会议？

为了坚持和健全民主集中制，进一步完善中华全国总工会执行委员会主席团的集体领导制度和民主决策机制，明确职责，提高工作效率，规范中华全国总工会主席会议的职权，中国工会十四大修改的《中国工会章程》增加了主席会议的内容。主席团闭会期间，由主席、副主席组成的主席会议行使主席团职权。主席会议由中华全国总工会主席召集并主持。主席会议一般每季度召开一次。

46 中华全国总工会书记处的性质和产生方式是什么?

根据《中国工会章程》第二十条的规定，中华全国总工会执行委员会主席团下设书记处。书记处在主席团的领导下，主持中华全国总工会的日常工作。因而，中华全国总工会书记处是中华全国总工会的日常工作机构。

中华全国总工会书记处是通过主席团推选的方式产生，不是选举产生的。具体是由中华全国总工会执行委员会主席团在主席团成员中推选第一书记一人，书记若干人组成。中华全国总工会书记处书记的任期与中国工会全国代表大会届期相同，每届任期 5 年。

47 中华全国总工会经费审查委员会的性质和主要任务是什么?

中华全国总工会经费审查委员会是由中国工会全国代表大会选举产生的负责工会经费审查和监督的机构，任期与中华全国总工会执行委员会相同，每届任期 5 年。

中华全国总工会经费审查委员会的主要任务是：负责审查和监督全国总工会及其直属企业、事业单位的经费收支和资产管理情况，监督财经法纪的贯彻执行和工会经费的使用，指导下级工会经费审查委员会的工作。中华全国总工会经费审查委员会向中国工会全国代表大会负责并报告工作，在中国工会全国代表大会闭会期间，向中华全国总工会执行委员会负责并报告工作。

中华全国总工会经费审查委员会会议每年召开一次，有三分之一的委员提议或经费审查委员会常委会认为有必要时，可以临时召开经费审查委员会全体会议。中华全国总工会经费审查委员会设常务委员会。中华全国总工会经费审查委员会委员实行替补制。

48 中华全国总工会女职工委员会的性质和组成方式是什么?

根据《中国工会章程》的规定，各级工会建立女职工委员会，表达和维护女职工的合法权益。中华全国总工会女职工委员会是中华全国总工会领导下的具有民主性、代表性的全国女职工组织。

中华全国总工会女职工委员会由中华全国总工会书记处提名，在充分协商的基础上产生。中华全国总工会女职工委员会由主任 1 人、副主任 2 人、委员及顾问若干人组成。中华全国总工会女职工委员会设常务委员会，常务委员会主任、副主任由委员会的主任、副主任担任，常务委员会委员若干人，从委员会委员中产生。中华全国总工会女职工委员会每年至少召开 1 次常委会议和委员全体会议。遇到重大问题，由主任（或副主任）提出，可以临时召集会议。

中华全国总工会女职工部是中华全国总工会女职工委员会的办事机构，承担着中华全国总工会女职工委员会办公室的工作职责，重大问题提交中华全国总工会女职工委员会常委会会议讨论决定。

49 中华全国总工会女职工委员会的主要任务是什么?

中华全国总工会女职工委员会的主要任务是：维护女职工的合法权益和特殊利益；指导、组织动员女职工为经济发展和社会进步建功立业；代表女职工参政议政，依法开展维权工作；指导、组织开展提高女职工整体素质的活动；加强女职工组织的自身建设。

注意：中华全国总工会女职工委员会是全国妇联的团体会员。

50 中华全国总工会执行委员会委员如何替补?

根据《工会法》和《中国工会章程》的有关规定，全国总工会印发的《关于中华全国总工会执行委员会委员届中调整的若干规定》对中华全国总工会执行委员会委员（以下简称“执委会委员”）的替补作出了明确规定：

（1）执委会委员因工作变动或退休等原因，不能正常履行执委会委员职责时，应进行替补。替补人选一般应是接替拟被替补执委会委员原任职务的人员或相应人员。

（2）由全国总工会书记处推荐产生的驻会全国产业工会，全国总工会部门、直属单位和与工会工作联系密切的部分相关单位的执委会委员，需要替补时，由全国总工会书记处提出替补建议并提出相应的替补人选。

（3）其他执委会委员需要替补时，先由执委会委员所在单位工会组织向执委会委员推荐单位报告，再由执委会委员推荐单位提出替补建议并提出相应的替补人选，报全国总工会书记处。

（4）全国总工会书记处根据工作需要和执委会委员推荐单位上报的替补建议，研究提出拟替补人选和拟被替补的执委会委员，经全国总工会主席会议、主席团会议审议同意后，提请全国总工会执委会全体会议履行民主程序。

（5）被替补的执委会委员是全国总工会主席团成员的，由全国总工会书记处提出免去其主席团相关职务的建议，经全国总工会主席会议、主席团会议审议同意，提请全国总工会执委会全体会议通过免去其主席团相关职务的决定后，再履行执委会委员替补程序。

51 中华全国总工会执行委员会委员如何增补和免职?

根据《工会法》和《中国工会章程》的有关规定，全国总工会印发的《关于中华全国总工会执行委员会委员届中调整的若干规定》对全国总工会执委会委员的增补和免职作出了明确规定：

（1）确因工作需要，新增执委会委员时，由全国总工会书记处提出增补名额和人选。

（2）执委会委员因工作变动或退休等原因，不能正常履行执委会委员职责，需调整其执委会委员职务，且无替补人选时，先由执委会委员所在单位工会组织向执委会委员推荐单位报告，再由执委会委员推荐单位提出免职建议，报全国总工会书记处。

（3）全国总工会书记处根据工作需要和执委会委员推荐单位上报的免职建议，研究提出拟增补人选和拟被免职的执委会委员，经全国总工会主席会议、主席团会议审议同意后，提请全国总工会执委会全体会议履行民主程序。

（4）被免职的执委会委员是全国总工会主席团成员的，由全国总工会书记处提出免去其主席团相关职务的建议，经全国总工会主席会议、主席团会议审议同意，提请全国总工会执委会全体会议通过免去其主席团相关职务的决定后，再履行执委会委员免职程序。

（5）增补的执委会委员，须提请下次中国工会全国代表大会确认。

52 中华全国总工会执行委员会委员如何罢免？

根据《工会法》和《中国工会章程》的有关规定，全国总工会印发的《关于中华全国总工会执行委员会委员届中调整的若干规定》对全国总工会执委会委员的罢免作出了明确规定：

（1）执委会委员不称职、严重违纪违法，不宜继续担任执委会委员职务的，应罢免其执委会委员职务。

（2）罢免执委会委员职务，执委会委员所在单位工会组织须及时按程序向执委会委员推荐单位报告，执委会委员推荐单位须及时提出罢免建议，报全国总工会书记处。

（3）全国总工会书记处根据执委会委员推荐单位上报的罢免建议，研究提出罢免意见，经全国总工会主席会议、主席团会议审议同意后，提请全国总工会执委会全体会议履行民主程序。

（4）被罢免的执委会委员是全国总工会主席团成员的，由全国总工会书记处提出免去其主席团相关职务的建议，经全国总工会主席会议、主席团会议审议同意，提请全国总工会执委会全体会议通过免去其主席团相关职务的决定后，再履行执委会委员罢免程序。

（5）罢免的执委会委员，须提请下次中国工会全国代表大会确认。

53 中华全国总工会经费审查委员会委员如何替补?

根据《工会法》和《中国工会章程》的有关规定，全国总工会印发的《关于中华全国总工会经费审查委员会委员届中调整的若干规定》对全国总工会经费审查委员会委员（以下简称“经审会委员”）的替补作出了明确规定：

（1）经审会委员因工作变动或退休等原因，不能正常履行经审会委员职责时，应进行替补。替补人选一般应是接替拟被替补经审会委员原任职务的人员或相应人员。

（2）由全国总工会书记处推荐产生的经审会委员，需要替补时，由全国总工会书记处提出替补建议并提出相应的替补人选。

（3）其他经审会委员需要替补时，先由经审会委员所在单位工会组织向经审会委员推荐单位报告，再由经审会委员推荐单位提出替补建议并提出相应的替补人选，报全国总工会书记处。

（4）全国总工会书记处根据工作需要和经审会委员推荐单位上报的替补建议，研究提出拟替补人选和拟被替补的经审会委员，经全国总工会主席会议、主席团会议审议同意后，提请全国总工会执委会全体会议履行民主程序。

（5）被替补的经审会委员是全国总工会经审会常务委员会成员的，由全国总工会书记处提出免去其经审会常务委员会相关职务的建议，经全国总工会主席会议、主席团会议审议同意，提请全国总工会经审会全体会议通过免去其经审会常务委员会相关职务的决定后，再在全国总工会执委会全体会议上履行经审会委员替补程序。

54 中华全国总工会经费审查委员会委员如何增补、免职?

根据《工会法》和《中国工会章程》的有关规定，全国总工会印发的《关于中华全国总工会经费审查委员会委员届中调整的若干规定》对全国总工会经审会委员的增补、免职作出了明确规定：

（1）确因工作需要，新增经审会委员时，由全国总工会书记处提出增补名额和人选。

（2）经审会委员因工作变动或退休等原因，不能正常履行经审会委员职责，需调整其经审会委员职务，且无替补人选时，先由经审会委员所在单位工会组织向经审会委员推荐单位报告，再由经审会委员推荐单位提出免职建议，报全国总工会书记处。

（3）全国总工会书记处根据工作需要和经审会委员推荐单位上报的建议，研究提出拟增补人选和拟被免职的经审会委员，经全国总工会主席会议、主席团会议审议同意后，提请全国总工会执委会全体会议履行民主程序。

（4）被免职的经审会委员是全国总工会经审会常务委员会成员的，由全国总工会书记处提出免去其经审会常务委员会相关职务的建议，经全国总工会主席会议、主席团会议审议同意，提请全国总工会经审会全体会议通过免去其经审会常务委员会相关职务的决定后，再在全国总工会执委会全体会议上履行经审会委员免职程序。

（5）增补的经审会委员，须提请下次中国工会全国代表大会确认。

55 中华全国总工会经费审查委员会委员如何罢免?

根据《工会法》和《中国工会章程》的有关规定，全国总工会印发的《关于中华全国总工会经费审查委员会委员届中调整的若干规定》对全国总工会经审会委员的罢免作出了明确规定：

（1）经审会委员不称职、严重违纪违法，不宜继续担任经审会委员职务的，应罢免其经审会委员职务。

（2）罢免经审会委员职务，经审会委员所在单位工会组织须及时按程序向经审会委员推荐单位报告，经审会委员推荐单位须及时提出罢免建议，报全国总工会书记处。

（3）全国总工会书记处根据经审会委员推荐单位上报的罢免建议，研究提出罢免意见，经全国总工会主席会议、主席团会议审议同意后，提请全国总工会执委会全体会议履行民主程序。

（4）被罢免的经审会委员是全国总工会经审会常务委员会成员的，由全国总工会书记处提出免去其经审会常务委员会相关职务的建议，经全国总工会主席会议、主席团会议审议同意，提请全国总工会经审会全体会议通过免去其经审会常务委员会相关职务的决定后，再在全国总工会执委会全体会议上履行经审会委员罢免程序。

（5）罢免的经审会委员，须提请下次中国工会全国代表大会确认。

DI FANG GONG HUI ZU ZHI

第四部分

地方工会组织

56 什么是工会的地方组织?

地方各级总工会是中国工会的各级地方组织，是当地地方工会组织和产业工会地方组织的领导机关。《工会法》第十一条规定：“县级以上地方建立地方各级总工会。”《中国工会章程》第十一条规定：“省、自治区、直辖市，设区的市和自治州，县（旗）、自治县、不设区的市建立地方总工会。地方总工会是当地地方工会组织和产业工会地方组织的领导机关。”

地方总工会领导当地工会工作的职能主要是通过所在地工会的代表大会和代表大会所产生的总工会委员会这两个领导机关来实现的。《中国工会章程》第九条规定：“工会的地方各级领导机关，是工会的地方各级代表大会和它所产生的总工会委员会。”《中国工会章程》还对工会的地方各级代表大会和各级地方总工会委员会的职权作出了明确规定。

57 各级地方工会代表大会如何召开?

《中国工会章程》第二十二条规定：“省、自治区、直辖市，设区的市和自治州，县（旗）、自治县、不设区的市的工会代表大会，由同级总工会委员会召集，每五年举行一次。在特殊情况下，由同级总工会委员会提议，经上一级工会批准，可以提前或者延期举行。”

58 工会的地方各级代表大会有哪些职权?

根据《中国工会章程》第二十二条的规定，工会的地方各级代表大会的职权：一是审议和批准同级总工会委员会的工作报告。二是审议和批准同级总工会委员会的经费收支情况报告和经费审查委员会的工作报告。三是选举同级总工会委员会和经费审查委员会。

59 各级地方总工会委员会与地方工会代表大会是什么关系?

根据《中国工会章程》第二十二条的规定，各级地方总工会委员会由同级地方工会代表大会选举产生，各级地方总工会委员会的任期与地方工会代表大会届期相同，每届任期五年。在代表大会闭会期间，各级地方总工会委员会执行上级工会的决定和同级工会代表大会的决议，领导本地区的工会工作，定期向上级总工会委员会报告工作。

60 各级地方总工会委员会全体会议的主要任务是什么?

各级地方总工会委员会全体会议，每年至少举行一次。其主要任务是：（1）根据工会代表大会确定的工作任务，审议通过每年的工会工作报告、财务工作报告和经费审查委员会的工作报告。（2）研究和决定工会工作的重大问题。（3）研究和决定有关人事变动事宜。（4）选举主席、副主席和常务委员会委员等。

根据《中国工会章程》第十二条的规定，县和县以上各级工会委员会，在两次代表大会之间，认为有必要时，可以召集代表会议，讨论和决定需要及时解决的重大问题。会议代表的名额和产生办法，由召集代表会议的总工会决定。

61 地方总工会常务委员会如何组成?

《中国工会章程》规定，各级地方总工会委员会选举主席一人、副主席若干人、常务委员若干人，组成常务委员会。各级地方总工会常务委员会在同级总工会委员会闭会期间行使委员会的职权。

地方总工会常务委员会会议一般每季度召开一次，由同级总工会委员会主席负责召集。总工会常务委员会由同级总工会主席、副主席、经费审查委员会主任、所属部分地方工会、产业工会主席和总工会机关部分部门、直属单位负责人组成。各级地方总工会常务委员会的任期与地方工会代表大会届期相同，每届任期五年。

62 地方总工会主席办公会如何组成？

各级地方总工会主席办公会由同级总工会主席、副主席组成。在总工会常务委员会闭会期间，由主席办公会行使常务委员会的职权。根据工作需要，由主席提议可以随时召开主席办公会。

63 地方总工会女职工委员会如何建立？

各级地方总工会女职工委员会委员由同级工会委员会提名，在充分协商的基础上产生，也可召开女职工大会或女职工代表大会选举产生。地方总工会女职工委员会由主任一人、副主任若干人、委员及顾问若干人组成。主任由同级总工会女主席（或女副主席）担任，委员由所辖地方总工会女职工委员会主任、同级工会机关有关部门及其他有关方面的人员组成。地方总工会女职工委员会的任期与同级地方总工会委员会的任期相同，每届任期五年。

地方总工会女职工委员会在同级工会领导下开展工作，并接受上级工会女职工委员会的指导，定期向同级工会委员会和上级工会女职工委员会报告工作。其主要任务是：一是维护女职工的合法权益和特殊利益。二是指导所属下级工会组织动员女职工为经济发展和社会进步建功立业。三是代表女职工参政议政，依法开展维权工作。四是指导、组织所属下级工会开展提高女职工整体素质的活动。五是加强女职工组织的自身建设。

省级、市级总工会女职工委员会的工作机构是同级总工会女职工部；县级工会女职工委员会根据需要设立专职或兼职的工作人员，有条件的设立女职工部，负责女职工委员会的日常工作。县和县以上各级工会女职工委员会根据工作需要可聘请顾问若干人。县和县以上各级工会女职工委员会是同级妇联的团体会员。

64 地方各级总工会如何建立?

地方各级总工会作为当地地方工会组织和产业工会地方组织的领导机关，《工会法》和《中国工会章程》对于其建立的范围和原则等都作了明确的规定：

（1）地方各级总工会建立的范围。《工会法》第十一条规定：“县级以上地方建立地方各级总工会。”具体包括省、自治区、直辖市，设区的市和自治州，县（旗）、自治县、不设区的市建立总工会。《中国工会章程》在地方组织一章，规定“县和城市的区可在乡镇和街道建立乡镇工会和街道工会组织，具备条件的，建立总工会”。根据《中国工会章程》和全国总工会有关文件精神，乡镇（街道）工会承担地方工会和基层工会双重职责，具备条件的，可以成立总工会。

（2）地方各级总工会建立的原则。《工会法》第十条规定：“工会各级组织按照民主集中制原则建立。各级工会委员会由会员大会或者会员代表大会民主选举产生。”可见，包括地方各级总工会在内的工会各级领导机关，都必须按照民主集中制的原则建立，由会员大会或者会员代表大会选举产生，这是工会的一项重要的组织原则。会员大会是由同级工会的全体会员组成；会员代表大会由全体会员通过民主选举的代表组成。地方各级总工会的产生，要充分体现选举人的意志。候选人的名单，要反复酝酿，充分讨论。选举采用无记名投票方式，可以直接采用候选人数多于应选人数的差额选举办法进行正式选举；也可以采用差额选举办法进行预选，产生候选人名单，然后进行正式选举。任何组织和个人，不得以任何方式强迫选举人选举或者不选举某个人。省、自治区总工会在地区设立的工会办事处以及县级以上地方总工会派出的工作委员会等，都不是一级工会组织，不是采取选举的办法，而是由各级工会任命其负责的工作人员。

（3）地方各级总工会的建立须经上一级工会批准。《工会法》第十二条第一款明确规定：“基层工会、地方各级总工会、全国或者地方产业工会组织的建立，必须报上一级工会批准。”具体来说，省、自治区、直辖市建立总工会要报全国总工会批复同意；设区的市和自治州建立总工会要报省、自治区、直辖市总工会批准；县（旗）、自治县、城市的区建立总工会要报设区的市和自治州总工会批准。

65 建立乡镇（街道）总工会的主要依据是什么？

《中国工会章程》第二十二条规定："县和城市的区可在乡镇和街道建立乡镇工会和街道工会组织，具备条件的，建立总工会。"因而，乡镇（街道）具备一定条件的，可以建立总工会，这是《中国工会章程》明确规定的。2014 年印发的《中华全国总工会关于新形势下加强基层工会建设的意见》对乡镇（街道）建立总工会的条件作了进一步明确的规定，即"企业 100 家左右、职工 5000 人左右的乡镇（街道）、省级以上开发区（工业园区）可以设立总工会，作为一级地方工会组织，履行地方工会领导职责"。2019 年全国总工会印发的《关于加强乡镇（街道）工会建设的若干意见》进一步明确规定，乡镇（街道）辖区内有企业 100 家以上、职工 5000 人以上，能够配备专职工会主席（副主席）和专职工作人员的，可以建立乡镇（街道）总工会。

66 建立乡镇（街道）总工会是否适用地方工会选举有关规定？

根据《中国工会章程》有关规定，具备条件的，可以建立乡镇（街道）总工会。建立乡镇（街道）总工会，组织召开工会代表大会，进行有关选举，是适用《工会基层组织选举工作条例》，还是适用《关于地方工会召开代表大会及组成工会委员会、经费审查委员会的若干规定》，对此，根据全国总工会印发的《关于地方工会召开代表大会及组成工会委员会、经费审查委员会的若干规定》第三十九条的规定，“各级产业工会、乡镇（街道）总工会换届和选举工作可参照本规定执行”。因此，乡镇（街道）建立总工会，履行地方工会和基层工会的双重职能，并按地方工会组织进行管理，其组织召开工代会、组成工会委员会和经费审查委员会可以参照《关于地方工会召开代表大会及组成工会委员会、经费审查委员会的若干规定》执行。在《关于地方工会召开代表大会及组成工会委员会、经费审查委员会的若干规定》中，对乡镇（街道）总工会如何参照执行未作具体规定。

67 地方工会是否可以提前或者延期换届？

根据《中国工会章程》第二十二条的规定，各级地方总工会委员会的任期与地方工会代表大会届期相同，每届任期五年。各级地方工会要坚持任期届满，应按期换届。在特殊情况下，由同级总工会委员会提议，经上一级工会批准，可以提前或者延期举行。上级工会组织部门要掌握情况，适时提出意见，指导地方工会按照有关规定做好换届工作。

JI CENG GONG HUI ZU ZHI

第五部分

基层工会组织

68 什么是基层工会?

根据《工会法》和《中国工会章程》的有关规定，在企业、事业单位、机关和其他社会组织等基层单位经过上级工会批准建立的工会组织，都称为基层工会组织。基层工会是工会组织体系中最基本的组织单位，是整个工会的组织基础和工作基础。基层工会主要包括企业工会、事业单位工会和机关工会、集团公司工会以及其他社会组织工会等。《中国工会章程》第二十五条规定，“社区和行政村可以建立工会组织”，明确把社区工会和行政村工会纳入基层工会的范围。

基层工会是整个工会工作的组织基础和活动实体，担负着直接履行工会的维护、建设、参与、教育等职能，具体完成工会各项任务的重要职责。作为基层工会组织，一般具有独立的名称、办公场所、独立的活动经费、具有社团法人资格等特征。目前，由于我国企事业单位、社会组织等人数规模差异较大，我国基层工会的差异也较大。职工人数较少的企事业单位有的单独建立了基层工会委员会，有的由于各自会员人数少，不能单独建立基层工会委员会，而由两个以上单位就近按地域或行业建立了联合基层工会委员会。

69 基层工会的组织形式都有哪些?

根据《工会法》和《中国工会章程》的有关规定，基层工会的组织形式主要有以下三种：(1) 基层工会委员会，一般是指企业、事业、机关等有会员 25 人以上，经上级工会批准，由会员（代表）大会选举产生的工会组织。(2) 基层工会联合委员会，是指由企业、事业单位等，在各自成立基层工会组织并民主选举产生本单位工会委员会的基础上，在一定的区域或行业范围内，按联合制、代表制原则建立的区域性或行业性基层工会组织。(3) 联合基层工会委员会，是指两个以上单位由于各自会员人数少，不能单独建立基层工会委员会，而就近按地域或行业联合建立的基层工会委员会。

70 建立基层工会组织的一般程序是什么?

根据《工会法》和《中国工会章程》等有关规定，建立基层工会组织，一般需要经过以下程序：

(1) 提出建会申请，成立基层工会筹备组。组建基层工会，须经同级党组织同意后报请上一级工会批复同意。请示主体一般是该单位党组织，如该单位无党组织，则以“×× 工会筹备小组”名义申请。上一级工会对建立工会的请示批复同意后，正式成立基层工会筹备组，在同级党组织和上级工会的指导下，具体负责筹备期间的工作。本单位没有党组织的，建会筹备工作直接在上一级工会领导下进行。根据全国总工会印发的《工会基层组织选举工作条例》第七条第二款的规定：“新建立的基层工会组织选举筹备工作由工会筹备组负责。筹备组成员由同级党组织代表和职工代表组成，根据工作需要，上级工会可以派人参加。”基层工会筹备组的负责人一般由拟任工会主席、具有党政副职资格的人员出任，成员可由拟任副主席、拟任女职工委员会主任以及准备安排做工会工作的人员担任。基层工会筹备组人数可根据组建单位职工人数及应配备工会干部的编制来确定。一般为3—5人，职工会员人数少的单位可指定拟任工会主席或组织员的人员具体负责筹建工作。在基层工会委员会选举产生之前，基层工会筹备组具体负责筹备期间的工作，暂时代行工会委员会职责。

（2）发展工会会员。基层工会筹备组成立以后，首先要认真学习有关建立工会组织的法律法规及政策文件，广泛宣传工会组织的性质、作用、任务以及会员的权利、义务，使广大干部职工不断提高对工会组织的认识，对组建工会的任务、程序和各项工作有所了解与掌握。同时，应恢复流入的老会员的组织关系，认真细致地做好会员登记、会员证核查、会员关系转接等工作。因此，在严格把握会员条件和自愿入会的前提下，入会方式要方便职工、灵活机动。发展会员后，应根据基层单位会员人数的多少，成立工会小组，并按有关规定民主选举产生工会小组长或分会委员会委员及主席、副主席，在筹备组的指导下开展建会相关工作，其任职资格待基层工会正式成立后确认。

（3）筹备召开会员大会或会员代表大会，进行民主选举。《工会法》第十条规定："各级工会委员会由会员大会或者会员代表大会民主选举产生。"在多数职工入会的基础上，组织会员酝酿提出基层工会委员会候选人。经同级党组织和上级工会批准后，召开会员大会或会员代表大会，民主选举工会委员会、经费审查委员会，选举工会主席、副主席，经费审查委员会主任、副主任。会员（代表）大会与职工（代表）大会须分别行使职权，不得相互替代，不能出现"职代会选举出工会主席"的现象。会员在一百人以下的基层工会应按《中国工会章程》的规定原则上召开会员大会。如因特殊情况需要召开会员代表大会时，须经上级工会批准，代表人数不得少于会员人数的60%。

（4）向上级工会报告选举结果。工会选举结果在向上一级工会报告的同时，要向党组织报告。没有建立党组织的单位，只向上级工会报告。

（5）采取发文、张榜公布或网上发布等形式，向全体会员公布上级工会批复结果。

（6）刻制印章、制作标牌。经上一级工会批准后，要及时从上一级工会开具该单位建立工会组织的介绍信，到企业所在地公安部门登记，刻制工会印章，到银行申请建立工会经费账号。到工会正式建立时，要同时挂工会标牌。

（7）依法申请办理工会社会团体法人资格证、开设工会银行专户。

注意：在实践中，组建工会必须坚持两个原则：一是组建工会必须报上一级工会批准；二是工会委员会、经费审查委员会及工会主席、副主席和经审会主任、副主任必须民主选举产生，选举结果须报上一级工会批复。只有这样，基层工会组织才具有合法性。

71 基层工会筹备组如何建立？

基层单位新组建工会，如果本单位有党组织的，首先要经本单位党组织同意，在本单位党组织和上级工会的领导下进行。经同级党组织同意后，向上一级工会请示，提出建会申请并正式成立工会筹备组。工会筹备组一般选派符合工会主席或副主席条件的人选组成，根据单位规模，工会筹备组一般由3—5人组成。工会筹备组必须经上一级工会批复同意后，才能在同级党组织和上级工会领导下，正式开展工会筹备期间的工作。

72 基层工会筹备组的主要职责有哪些？

基层工会筹备组经上级批复同意后，在基层党组织和上级工会领导下，在工会委员会正式选举产生前暂时代行工会委员会职责。基层工会筹备组主要负责发展工会会员、做好召开首次工会会员大会或会员代表大会的筹备工作。具体工作任务主要包括以下内容：

（1）递交组建工会的请示。一是向同级党组织请示组建工会事宜。同级党组织同意后，工会筹备组再向上一级工会提出书面申请。二是向上级工会请示组建工会及筹备组组成事宜。

（2）负责发展工会会员，成立工会小组，民主选举工会小组长。

（3）负责选举工会会员代表，做好工会委员会、工会经费审查委员会候选人的提名、推荐工作。

（4）将召开会员（代表）大会请示经同级党组织同意后报请上级工会。

73 基层工会筹备组如何发展工会会员？

基层工会筹备组是经上级工会批准依法成立的，在基层工会委员会选举产生之前，基层工会筹备组具体负责筹备期间的工作，暂时代行工会委员会职责。按照规定，经上级工会批准建立的工会筹备组可代行发展新会员的职权，待工会委员会正式建立后再完备入会手续。

发展工会会员是基层工会筹备组织的主要职责之一。建会申请经上级工会批准后，基层工会筹备组应组织职工学习《工会法》《中国工会章程》及有关法规文件，发展工会会员。凡申请加入工会的职工，由工会筹备组组织职工填写《中华全国总工会入会申请书》和《工会会员登记表》，经工会筹备组审查符合工会会员资格者，批准后成为中国工会会员，接转工会会员组织关系并颁发会员证。在《工会会员登记表》和会员证等需要基层工会委员会盖章之处，待基层工会委员会选举产生后再完备盖章手续。

74 职工如何申请加入工会?

根据《中国工会章程》第二条的规定：“职工加入工会，由本人自愿申请，经基层工会委员会批准并发给会员证。”按照这一规定，凡是符合条件的职工，只要自愿申请，经基层工会委员会批准，都可以成为工会会员。职工加入工会的具体程序是：

（1）本人自愿申请。由要求入会的职工向所在单位工会提出书面（口头）申请，填写《中华全国总工会入会申请书》和《工会会员登记表》，报基层工会委员会。

（2）基层工会委员会批准并发给会员证。基层工会委员会接到职工入会申请书后，应当及时召开会议，研究审查接纳职工入会事项。主要内容有：①申请人是否符合入会条件；②是否自愿；③是否符合入会手续。凡符合相关条件和入会手续的应当批准。批准后发给其工会会员证，并通知申请人从何时起交纳会费。

注意：各地在发展农民工入会过程中，为了方便职工入会，创新入会方式，简化入会手续，采取集体登记入会、网上申请入会等方式，有效地实现了职工最大限度地加入到工会中来。

75 什么是基层工会会员入会的“三表一证”？

“三表一证”即《中华全国总工会入会申请书》《工会会员登记表》《中华全国总工会会员证》和工会会员花名册，这是落实基层工会实名制的必然要求，也是规范建立基层工会组织的重要基础资料，应及时归档，妥善保存，并保持动态更新。其中，《中华全国总工会入会申请书》和《中华全国总工会会员证》的样式是由全国总工会统一制定的，地方工会不能随意变更。

76 什么是基层工会分会？

《中国工会章程》第三十条规定：“基层工会委员会根据工作需要，可以在分厂、车间（科室）建立分厂、车间（科室）工会委员会。分厂、车间（科室）工会委员会由分厂、车间（科室）会员大会或者会员代表大会选举产生，任期和基层工会委员会相同。”因而，基层工会可根据工作需要，根据经营管理机构的设置、职工人数的多少和分布情况，建立分厂、车间（科室）工会分会。

77 基层工会分会的主要职责是什么？

根据《工会法》和《中国工会章程》的有关规定，基层工会分会的主要职责是：（1）保障工会会员的民主权利、维护工会会员的合法权益，代表工会会员向上级工会反映情况；（2）负责分厂、车间（科室）民主管理的日常工作，组织职工开展民主管理；（3）对分工会范围内涉及职工切身利益的奖惩、解聘等有关重要问题提出建议；（4）组织职工开展有利于保证生产任务完成的群众性经济技术活动和职工素质技能提升活动；（5）按照上级工会要求开展工会活动，完成上级工会布置的各项任务；（6）积极开展职工小家建设活动。

78 基层工会组织的名称如何确定？

基层工会组织的名称，一般根据以下原则确定：一是基层工会组织的名称，一般应与单位的正式名称保持一致，即为“单位登记（批复）名称全称＋工会委员会（联合会）”。二是基层工会组织的名称按上一级工会批复的名称为准。三是如所在单位更名，工会组织也应相应更名。工会组织更名须报上一级工会批准。如果单位仅是单纯地更名，并没有发生实质性的变化，如兼并、重组等，则更名后的工会委员会届次与组成人员不变。

注意：基层工会组织的名称变更后，如果已领取工会法人资格证书的，证书上的工会组织名称也应申请进行相应变更。

79 基层工会委员会和工会主席任职时间怎么确定？

根据《工会法》和《中国工会章程》等有关规定，基层工会委员会和工会主席是民主选举产生的，基层工会委员会任职时间应当从会员（代表）大会选举产生之日计算，工会主席任职时间应当从会员（代表）大会或新一届委员会选举产生之日计算。

80 分公司、连锁店等非法人单位如何建立工会组织？

根据《工会法》和《中国工会章程》等有关规定，分公司、连锁店等基层单位无论是否具有法人资格，都应当依法建立工会组织。即，建立工会组织并不以具有法人资格为前提或必要条件。分公司、连锁店等非法人单位有会员二十五人以上的，应当成立基层工会委员会；不足二十五人的，可以单独建立基层工会委员会，也可以由两个以上单位的会员联合建立基层工会委员会，还可以选举组织员或工会主席一人，主持基层工会工作。

分公司、连锁店等非法人单位与其总部在同一城市的，可直接接受总部工会的领导；与其总部不在同一城市的，一般实行所在地工会和总部工会双重领导，以所在地工会领导为主。

81 什么是机关工会？

根据 2015 年全国总工会印发的《机关工会工作暂行条例》第二条的规定，机关工会是指党的机关、人大机关、行政机关、政协机关、审判机关、检察机关，各民主党派和工商联的机关，以及使用国家行政编制的人民团体和群众团体机关等依法建立的工会组织。

根据《机关工会工作暂行条例》的规定，参照《中华人民共和国公务员法》管理的事业单位，适用《机关工会工作暂行条例》。

82 机关工会如何建立？

根据《机关工会工作暂行条例》第十条的规定："各省、自治区、直辖市，设区的市（地）和自治州（盟），县（区、旗）、自治县、不设区的市所属机关，经同级地方工会或者其派出机关批准，成立机关工会委员会或者联合机关工会委员会。各省、自治区、直辖市，设区的市（地）和自治州（盟），县（区、旗）、自治县、不设区的市，经同级地方工会批准，可以成立地方机关工会联合会，也可以设立地方机关工会工作委员会，领导本级各机关工会委员会或者联合机关工会委员会。地方机关工会联合会或者地方机关工会工作委员会以同级地方直属机关党的工作委员会领导为主，同时接受地方工会的领导。”

83 什么是事业单位工会？

根据2018年全国总工会印发的《事业单位工会工作条例》第二条的规定，事业单位工会是指国家为了社会公益目的，由国家机关举办或者其他社会组织利用国有资产举办的，从事教育、科技、文化、卫生、体育等活动的社会服务组织中依法建立的工会组织。

注意：实行企业化管理的事业单位工会，依照《企业工会工作条例》执行，不适用《事业单位工会工作条例》。

84 事业单位工会的组织领导关系如何确定？

根据《事业单位工会工作条例》的规定，事业单位工会接受同级党组织和上级工会双重领导，以同级党组织领导为主。对不在事业单位所在地的直属单位工会，实行属地管理原则。

85 什么是企业集团工会?

2018年全国总工会印发的《关于企业集团建立工会组织的办法》第二条规定:“本办法所称企业集团,是指以资本为主要联结纽带的母子公司为主体,以集团章程为共同行为规范的母公司、子公司、参股公司及其他成员企业或机构共同组成的具有一定规模的企业法人联合体。”这是根据原国家工商行政管理总局制定的《企业集团登记管理暂行规定》中关于企业集团的含义。因而,只要符合企业集团条件,行政管理机构健全并依法设立登记的企业集团,在企业集团母公司(集团公司)即核心企业和子公司(紧密层企业)范围内,经上级工会批准,按照母公司工会领导子公司工会的原则建立的工会组织称为企业集团工会。集团公司工会委员会是企业集团工会组织的领导机构,是集团各子公司工会的上级领导机关。

注意:很多企业集团在国外设立了分公司或子公司,但集团工会的这个范围还是限定在《中国工会章程》规定的中国境内的企业、事业单位、机关和其他社会组织。企业集团在国外设立的子公司或分公司,应根据或适用所在国的有关法律,不适用中国的有关法律组建工会。

86 建立企业集团工会应把握哪些原则？

根据《关于企业集团建立工会组织的办法》第四条的规定，建立企业集团工会应把握以下几个原则：一是必须坚持党的领导，贯彻落实党的全心全意依靠工人阶级的根本指导方针，始终把握正确政治方向；二是坚持民主集中制，注重广泛性、代表性；三是坚持职工为本，充分反映职工群众的意愿和要求；四是坚持依法规范，符合法律和工会章程规定。

87 组建企业集团工会如何报批？

根据《关于企业集团建立工会组织的办法》的规定，在京中央企业集团组建集团工会，按规定报相关全国产业工会，由相关全国产业工会按程序报中华全国总工会批准。京外中央企业集团和其他企业集团组建工会，按规定报企业集团所在地同级地方工会批准。其中，"企业集团所在地"一般指企业集团所在的城市。

88 企业集团工会的名称如何确定?

根据《关于企业集团建立工会组织的办法》的规定，集团工会的名称为“企业集团工商登记名称+工会（联合会）委员会”。集团所属子公司的工会组织名称为“子公司工商登记名称+工会委员会”。实践中，一些企业集团工会的名称不太规范，应根据此规定，结合工会换届工作进行调整规范。

89 企业集团工会是基层工会吗?

企业集团，包括国有大型企业集团，从干部管理的角度，可能有一定的级别之分，但从《工会法》和《中国工会章程》的角度，特别是工会组织工作的角度，企业集团工会的性质都是工会的基层组织。对此，《关于企业集团建立工会组织的办法》第六条明确规定，“集团工会是工会的基层组织。组建集团工会，依照《工会基层组织选举工作条例》产生”。这就进一步明确了包括中央企业集团工会在内的企业集团工会，其性质都是工会的基层组织，企业集团工会（包括其子公司工会等）在换届选举、开展工作时都同样适用《工会法》和《中国工会章程》中有关基层工会的规定条款，特别是工会选举时，适用《工会基层组织选举工作条例》《关于企业集团建立工会组织的办法》等有关文件。

90 企业集团工会的组织领导关系如何确定?

根据《关于企业集团建立工会组织的办法》的规定，集团工会的领导关系应根据产业和地方相结合的组织领导原则确定。集团工会以同级党组织领导为主，同时，接受所在地方工会的领导和上级有关产业工会的指导。在京的中央企业集团工会，以同级党组织领导为主，同时，在中华全国总工会领导下，按照行业分类原则，由相关全国产业工会实施具体指导。这与全国总工会2016年印发的《中华全国总工会关于深入推进产业工会工作创新发展的意见》规定的“在京的中央企业工会，按照行业分类，原则上由相应的全国产业工会领导。京外的中央企业工会和地方企业集团所属基层工会，按照属地管理原则，一般接受所在地地方工会领导。其所在地建立相应产业工会的，工作接受所在地产业工会指导，不改变企业工会组织关系和经费管理体制”是一致的。

91 企业集团子（分）公司与所在地方工会是什么关系?

根据《中国工会章程》和《关于企业集团建立工会组织的办法》的规定，企业集团工会对集团母公司所在地的子（分）

公司工会实行直接领导。不在母公司所在地的子（分）公司工会，在同级党组织领导下，以所在地工会领导为主，其工会组织关系、经费关系等明确在所在地工会，在所在地工会的领导下建立健全工会组织并按期换届，参加所在地工会组织开展的工作；同时，接受集团工会的领导，参加集团工会统一组织开展的具有集团特点的工作和活动等。铁路、民航、金融等行政管理体制实行垂直管理的产业所属企业集团子（分）公司除外。

92 企业集团工会如何进行社会团体法人资格登记？

《工会法》第十五条第二款规定：“基层工会组织具备民法典规定的法人条件的，依法取得社会团体法人资格。”《关于企业集团建立工会组织的办法》第十三条规定：“集团工会具备法人条件的，依法取得社会团体法人资格，工会主席为法定代表人。”

企业集团工会申请取得工会法人资格应当具备以下条件：一是依照《工会法》和《中国工会章程》的规定成立。二是工会经费来源有保障。三是有组织机构和办公场所。四是能够依法独立承担民事责任。凡具备规定条件的集团工会，应当向集团工会所在地工会提出工会法人资格登记书面申请。集团工会经核准登记、领取证书后，即取得工会法人资格，依法独立享有民事权利、承担民事义务。取得工会法人资格的集团工会变更名称、住所、法定代表人的，应及时申请办理变更登记手续。

93 什么是区域性、行业性工会联合会？

为进一步加强和规范区域性、行业性工会联合会建设，充分发挥区域性、行业性工会联合会作用，深入推进新时代工会工作创新发展，根据《工会法》及《中国工会章程》等有关规定，结合工会基层组织建设实际，2020 年全国总工会制定印发了《中华全国总工会关于加强和规范区域性、行业性工会联合会建设的意见》，并在第一条明确了区域性、行业性工会联合会的含义，即“区域性、行业性工会联合会是基层工会的一种组织形式，是由若干个单位在各自成立基层工会组织（基层工会委员会、联合基层工会委员会或基层工会联合会）的基础上，在一定的区域或行业范围内，按照联合制、代表制原则建立的区域性、行业性的基层工会的联合体”。

实践证明，加强区域性、行业性工会联合会建设，对于基层工会组织围绕中心服务大局，促进区域、行业经济持续健康发展，参与基层社会治理、积极发挥作用，加强维权服务、构建和谐劳动关系，树立以职工为中心的工作导向、夯实工会基层基础，确保职工队伍和工会组织团结统一具有重要意义。

94 建立区域性、行业性工会联合会的主要依据有哪些?

建立区域性、行业性工会联合会的依据主要有以下三点。一是《中国工会章程》。2018 年 10 月中国工会十七大通过了新修改的《中国工会章程》，在第二十五条增写了“从实际出发，建立区域性、行业性工会联合会，推进新经济组织、新社会组织工会组织建设”的有关内容，为加强区域性、行业性工会联合会建设提供了有力依据。二是全国总工会有关文件。2009 年《中华全国总工会关于加强小企业工会联合会建设的意见》，2010 年《中华全国总工会关于推行区域（行业）职工代表大会制度的意见（试行）》，2014 年《中华全国总工会关于新形势下加强基层工会建设的意见》等文件，提出按照地域相近、行业相同的原则，在县以下联合建立多种形式的区域性或行业性工会组织。2016 年《中华全国总工会关于深入推进产业工会工作创新发展的意见》强调在市级总工会的领导下，可以开展建立市级行业性工会联合会试点工作，已经建立的要注重加强规范性建设。2020 年《中华全国总工会关于加强和规范区域性、行业性工会联合会建设的意见》。三是部分地方工会出台的有关文件，对区域性、行业性工会联合会组织建设有关工作进行规范。

95 加强和规范区域性、行业性工会联合会建设应该坚持哪些原则？

《中华全国总工会关于加强和规范区域性、行业性工会联合会建设的意见》第三条明确了加强和规范区域性、行业性工会联合会建设，要深入学习贯彻习近平总书记关于工人阶级和工会工作的重要论述特别是关于加强工会基层组织建设的重要指示精神，聚焦保持和增强政治性、先进性、群众性，并把握以下原则：

一是坚持正确政治方向，在党组织领导、政府支持下，通过党建带工建等机制方法有序有力推进；二是坚持依法依规，做到依法建会、依法管会、依法履职、依法维权，健全完善制度，严格落实制度；三是坚持产业和地方相结合的工会组织领导原则，着眼组织健全、职责明确、关系顺畅的目标，推动形成自下而上、工作贯通、覆盖不同所有制企业和相关社会组织的组织体系；四是坚持从实际出发，积极稳妥推进，立足区域、行业所辖基层单位的分布、数量以及职工人数等实际，按照规模适度、便于管理、科学合理的原则进行组建，并确定覆盖范围。

96 建立区域性、行业性工会联合会的一般程序是什么？

根据《工会法》《中国工会章程》《中华全国总工会关于加

强和规范区域性、行业性工会联合会建设的意见》的有关规定，建立区域性、行业性工会联合会的一般程序要求如下：

（1）建立区域性、行业性工会联合会，必须坚持在同级党组织和上一级工会的领导下进行。未建立党组织的，在上一级工会领导下进行。

（2）上级工会要及时有效跟踪指导服务，严把组建前置环节，严格规范组建程序，积极稳妥推进组建工作。

（3）要在广泛征求各方面意见特别是覆盖单位意见、进行充分酝酿协商的基础上，经同级党组织同意并报上一级工会批准后成立工会筹备组。筹备组依法依规做好筹备工作。

（4）筹备召开成立大会，进行民主选举。

（5）向上级工会报告选举结果。

97 建立区域性、行业性工会联合会应注意把握哪些方面？

根据《工会法》和《中国工会章程》的有关规定，建立区域性、行业性工会联合会，应把握以下四点：

（1）工会联合会是由两个以上基层工会组织（委员会）组成的联合体，其成员单位应当是各自单独建立的基层工会委员会、联合工会委员会或下一级的工会联合会。从实践来看，规范的联合会应建立联合会委员会，委员会的委员主要由联合会所辖基层工会主席、联合会专职工作人员担任。有的联合会委员还吸收了人社、工商、税务等相关方面的代表参加。

（2）工会联合会是在其成员单位各自经民主程序选举产生工会委员会的基础上，按照联合制、代表制和地域相近、行业相同的原则建立的区域性或行业性工会联合组织。建立工会联合会须经上级工会批准，依法取得工会法人资格。各级工会联合会应建立工会经费审查委员会或设经费审查员。

（3）工会联合会委员实行替补制，由本级党组织、上级工会委派、推荐的专兼职工会干部、工作人员和成员单位工会主席担任。工会联合会主席、副主席可以设专职，也可以设兼职，由委员会选举产生。工作人员可以采取兼任、委派或公开选聘等形式产生。

（4）建立行业性工会联合会，必须依法经同级地方工会或乡镇（街道）工会批准，接受同级地方总工会或乡镇（街道）工会领导，同时，接受上级产业（行业）工会的指导。行业性工会联合会所服务的基层工会，原则上其组织隶属关系、经费上缴渠道、会员会籍管理均应在同级地方工会或乡镇（街道）工会。

98 区域性、行业性工会联合会委员会如何组成？

根据《工会法》《中国工会章程》《中华全国总工会关于加强和规范区域性、行业性工会联合会建设的意见》的有关规定，区域性、行业性工会联合会委员会按照联合制、代表制的原则建立，在建立过程中，应坚持广泛性和代表性，委员由本区域或行业内所覆盖基层工会的主席和适当比例的有关方面代表等组成，所覆盖基层工会数量较多的，区域性、行业性工会联合会委员会委员可以由所覆盖基层工会主席民主推选代表担任。此外，根据工作需要，可吸收政府有关部门代表参加。

99 区域性、行业性工会联合会委员会如何产生？

根据《工会法》《中国工会章程》《中华全国总工会关于加强和规范区域性、行业性工会联合会建设的意见》等有关规定，区域性、行业性工会联合会委员会的产生适用《工会基层组织选举工作条例》《基层工会会员代表大会条例》等规定。担任区域性、行业性工会联合会主席、副主席职务，必须履行民主程序。区域性、行业性工会联合会主席、副主席可以由全体委员选举产生，也可以由区域性、行业性工会联合会所覆盖基层工会联合组成会员（代表）大会选举产生。

100 区域性、行业性工会联合会委员会委员人选有什么要求？

根据《工会法》《中国工会章程》《中华全国总工会关于加强和规范区域性、行业性工会联合会建设的意见》等有关规定，区域、行业内的基层单位的行政主要负责人不得作为区域性、行业性工会联合会委员会委员人选，行业协会（商会）会长、副会长等不得担任区域性、行业性工会联合会主席、副主席。上级工会派出的工会干部、社会化工会工作者或者区域、行业龙头骨干企业工会主席、社区工作者等可以作为区域性、行业性工会联合会主席、副主席人选。区域性、行业性工会联合会主席、副主席可以专职，也可以兼职，其任期与区域性、行业性工会联合会委员会相同。

101 区域性、行业性工会联合会的名称如何确定？

《中华全国总工会关于加强和规范区域性、行业性工会联合会建设的意见》第十二条对区域性、行业性工会联合会的名称明确了规范要求，即“区域性、行业性工会联合会的名称应根据区域、行业、单位等情况确定，一般为‘××（行政区划名称）+××（区域或行业名称）+工会联合会’，不能以职业名称或基层工会名称等作为区域性、行业性工会联合会的名称”。

102 区域性、行业性工会联合会的主要职责是什么？

根据《中华全国总工会关于加强和规范区域性、行业性工会联合会建设的意见》的相关规定，区域性、行业性工会联合会的主要职责有以下几个方面。（1）了解掌握本区域本行业用人单位及其从业人员的基本情况和基本需求，协助上级工会提供相关服务。(2)负责本区域本行业工会组建工作。(3)建立以工资协商为主要内容的区域性、行业性集体协商、集体合同制度和以职代会为基本形式的民主管理制度，维护职工的合法权益。(4)建立区域性、行业性劳动争议调解组织，协调稳定劳动关系。(5)培训覆盖单位的工会干部并维护其合法权益。(6)组织开展建设职工之家、“双爱双评”等活动，不断提高基层工会工作水平。(7)完成上级工会交办的其他工作。

103 为什么区域性、行业性工会联合会一般建在县级以下?

《中华全国总工会关于加强和规范区域性、行业性工会联合会建设的意见》中规定，区域性、行业性工会联合会一般建在县级（含县）以下。这是因为，我国经济发展不平衡，甚至在一个省内部，发达区域和不发达区域差别也很大。如果把行业工会的层级设得太高，既不利于兼顾这种差别，也不利于从本企业实际出发维护职工利益，搞不好还可能使企业问题演变为局部问题，甚至成为全省乃至全国的问题，影响职工队伍稳定和社会稳定。所以，我们坚持把区域性、行业性工会联合会建在县级（含县）以下。同时，这与《劳动合同法》第五十三条“在县级以下区域内，建筑业、采矿业、餐饮服务业等行业可以由工会与企业方面代表订立行业性集体合同，或者订立区域性集体合同”是相适应的。这里所指的“工会”，尽管没有明确是哪一级，但行业性基层工会联合会必在其中。

坚持建立县以下区域性、行业性工会联合会，有利于克服地区差异对其开展工作带来的不利，也较易于处理地方工会和区域性、行业性工会联合会的关系。县级总工会可根据产业工会工作需要和基层单位小而分散、职工流动频繁的特点，建立县（区）、乡镇（街道）区域性、行业性工会联合会。在健全和完善乡镇（街道）工会、社区工会、企业工会组织网络的同时，根据行业分布、企事业规模、职工人数和工作需要，建立县（区）、乡镇（街道）行业性工会联合会。在县（区）、乡镇（街道）建立区域性、行业性工会联合会，应当因地制宜、积极稳妥地推进；坚持以企业工会为基本单位组成，同时，接受本产业工会的工作指导；坚持基层工会组织领导关系保持不变。

注意：2016年全国总工会印发的《中华全国总工会关于深入推进产业工会工作创新发展的意见》规定，在市级总工会的领导下，可以在行业协会组织健全、发育成熟的行业，已经形成以骨干企业为龙头的上下游产业链、企业联系紧密的行业，政府行政约束力强、管理规范的行业开展建立市级行业性工会联合会试点工作，已经建立的要注重加强规范性建设。

104 什么是行业工会联合会？

行业工会联合会，是指按照产业分工和行业性质，由同一行业或性质相近行业的企事业单位工会，在一定地域内按照联合制、代表制的原则组织起来的一级工会组织。近年来，各地工会为适应政府机构改革、产业结构调整、国有企业的转制重组、非公有制经济迅速发展、工人阶级队伍日益壮大、工会工作领域和对象发生深刻变化的需要，转变依托行政隶属关系建立产业工会组织体系的传统观念，打破所有制界限，与行业协会相对应，积极稳妥地推进行业工会联合会的建设，使行业工会联合会在建立覆盖全行业不同所有制职工的产业工会组织体系，构建与行业协会合作共事并开展集体协商工资谈判的工作新格局，协调解决具有产业特点的劳动关系突出问题等方面发挥了积极作用。

105 建立行业工会联合会应注意把握哪些原则和要求?

建立行业工会联合会是适应社会主义市场经济条件下工会工作的需要，是探索中国特色社会主义产业工会工作规律的重要内容，是工会组织制度和组织体制的重要改革，必须充分认识产业工会改革和建设的长期性、复杂性，把握好建立行业工会联合会的原则和要求。

（1）建立行业工会联合会的重点是在县（区）及以下区域。在健全和完善乡镇（街道）工会、社区（村）工会、企业工会的同时，建立县（区）和乡镇（街道）行业工会联合会。城市总工会可以根据本地实际和工作需要，研究探索，进行试点。

（2）在县（区）和乡镇（街道）建立行业工会联合会，应当根据产业工会工作需要，针对基层单位经营规模和职工队伍特点，从实际出发，因地制宜、循序渐进、积极稳妥地推进。

（3）坚持以县（区）或乡镇（街道）内企业工会和联合基层工会为基本成员单位组成行业工会联合会。行业工会联合会接受本产业工会的工作指导。

（4）县以下行业工会联合会应实行属地领导，行业工会联合会成员单位工会组织关系、工会领导班子管理和工会经费管理体制不变。

106 行业工会联合会的职责任务是什么？

行业工会联合会主要建立在县（区）以下，主要工作对象是小型、分散、职工流动性大的非公有制企业职工，行业工会联合会主要承担地方工会、区域性工会难以完成的具有行业特色的工作，如行业性工资协商、行业性劳动和技能竞赛等，其他常规性工作仍由地方工会负责。在实践中，要注意充分调动行业、地方两个积极性，努力形成充分发挥地方、行业工会各自优势的工作格局。行业工会联合会的职责任务，具体有以下几个方面：

（1）按照市、县地方总工会和上级产业工会的要求，推动和指导本行业内的用人单位及时组建工会，加强对基层工会日常工作的指导，把职工最大限度地吸收到工会组织中来，组织职工开展具有行业特色的活动。

（2）负责推动建立行业职代会制度，通过职工代表倾听和收集职工的意见与要求，代表职工参与行业劳动标准的制定，促进企业劳动关系的和谐稳定。

（3）建立行业性劳资双方协商、对话机制，与行业协会（企业家协会）就行业职工工资、保险福利、劳动条件等劳动标准进行协商，签订行业工资协议和集体合同，维护职工合法权益，保持职工队伍稳定，促进行业发展。

（4）根据行业特点，组织职工开展劳动和技能竞赛、合理化建议、技术革新、技术协作和发明创造等活动。

（5）调查研究本行业职工安全生产和职业危害情况，提出意见和建议，加强对职工的劳动保护。

（6）履行有关法律和章程规定的工作任务、完成上级工会部署的各项工作。

107 如何规范县以下行业工会联合会建设？

在实践中，行业工会联合会建设，应注意以下几点：

（1）行业工会联合会要按照联合制、代表制原则建立，联合会委员数额可以根据工作实际需要确定，由联合会的专职工作人员和所属小企业工会主席担任，所属小企业工会数量较多的，可以由所属小企业工会主席民主推举代表担任。联合会可根据工作需要，吸收工商、税务等相关方面的代表加入。

（2）行业工会联合会主席、副主席可以由全体委员选举产生，也可以由联合会下属各小企业工会联合组成会员（代表）

大会选举产生。联合会主席可以由从社会招聘的专职工会工作者担任，也可以由地方工会相关干部兼任。

（3）行业工会联合会下属有会员 25 人以上的企业应当建立基层工会委员会，不足 25 人的可以单独建立基层工会委员会，也可以由两个以上企业的会员联合建立基层工会委员会。行业工会联合会及下属的联合基层工会覆盖的企业应适量，要杜绝联合会下属企业不建立工会组织的虚假覆盖现象。

（4）联合会建立以后，要结合行业实际，建立健全委员会定期会议、报告工作、组织、培训、职工代表定期联系会议、会员代表常任制等各项制度机制，规范联合会工作。

（5）行业工会联合会组建以后，如所属基层工会与区域工会有交叉的，原则上其所属基层工会原有隶属关系不变，经费上缴渠道不变。确需调整的，报行业工会联合会和基层工会原所属上级工会的共同上级工会批准。

（6）行业工会联合会开展工作必要的经费，可以由地方工会在年度预算中解决，也可以争取财政补助或行政支持，还可以从实际出发，根据所属基层工会自愿原则，协商按照一定比例共同承担联合会必要的工作经费。

108 如何正确把握行业工会联合会与行业协会的关系？

在实践中，正确把握和处理好行业工会联合会与行业协会的关系，需要注意以下两点：

（1）要坚持把牢行业工会联合会的主导权。从各地建立行业工会联合会的实践来看，推进建立行业工会联合会，将行业工会联合会的领导权、主导权把握好、掌握牢至关重要。在组建行业工会联合会的实践中，要正确处理好“借助”与“依托”行业协会（商会）的关系。行业协会（商会）是企业经营者自愿结合的组织，其职能是代表和维护经营者的权益，而行业工会联合会代表和维护本行业职工合法权益。因此，在建立行业工会联合会中，可以借助行业协会（商会）的力量，推动建立行业工会联合会，但“依托”不等于“依附”，更不是使之成为行业协会（商会）的“附属”或“工具”。依托行业协会，主要是依托其行业管理范围，争取行业协会对组建行业工会的支持。不能“依附”行业协会（商会），将行业性工会联合会建立在行业协会（商会）中，甚至由行业协会的会长、副会长、秘书长等担任行业工会联合会的主席、副主席等，把行业协会和行业工会这两个性质不同的组织，两个各自代表不同利益群体、平等协商的主体合二为一，否则就失去了成立工会联合会的意义。

（2）行业工会联合会要接受地方总工会的统一领导，地方总工会可以直接或委托某一产业工会对行业工会联合会进行管理。

109 行业工会联合会的经费及工作人员有何规定？

行业工会联合会开展工作所必需的经费，可以由地方工会在年度预算中解决，或采取项目制的办法给予解决，也可以从实际出发，根据基层工会自愿原则，协商按照一定比例共同承担。

行业工会联合会主席可以由县（区）、街道工会干部兼任，也可以由龙头企业工会主席兼任，还可以由社会招聘工会工作者担任。行业协会、商会会长、副会长及企业行政负责人不宜担任工会联合会主席。在实践中，不少地方工会通过聘用社会化工会工作者，选派相关干部等途径为工会联合会配备专职工会干部。

110 我国在境外设立的企业是否建立工会组织？

我国在境外设立的企业，或者是企业集团在境外建立的子公司是否建立工会组织、如何建立工会，应当根据企业所在国及所在地的法律确定，不适用我国《工会法》和《中国工会章程》的有关规定。对此，《工会法》第三条规定：“在中国境内的企业、事业单位、机关、社会组织（以下统称用人单位）中以工资收入为主要生活来源的劳动者，不分民族、种族、性别、职业、宗教信仰、教育程度，都有依法参加和组织工会的权利。任何组织和个人不得阻挠和限制。”《中国工会章程》第一条也明确规定：“凡在中国境内的企业、事业单位、机关和其他社会组织中，以工资收入为主要生活来源或者与用人单位建立劳动关系的体力劳动者和脑力劳动者，不分民族、种族、性别、职业、宗教信仰、教育程度，承认工会章程，都可以加入工会为会员。”可以看出，《工会法》和《中国工会章程》都明确适用范围是“中国境内”，对于在中国境外设立的企业，或者是我国境内企业集团在境外建立的子公司，不适用《工会法》和《中国工会章程》的规定组建工会。

111 上级工会是否可以派员指导职工组建工会？

随着社会主义市场经济的发展，大量的非公有制经济特别是外商投资企业和跨国公司迅速增加，企业经营者以种种借口推托或阻挠组建工会的现象比较多见，实践中往往是建立工会组织的企业老板说了算，而不是由职工自己来决定，甚至企业老板不同意，就不能建立工会。职工依法组建工会的要求和权利得不到落实，工会的组建任务和维护职工合法权益的任务日益突出。

为了推进工会组建工作，《工会法》第十二条规定：“上级工会可以派员帮助和指导企业职工组建工会，任何单位和个人不得阻挠。”《中国工会章程》第十二条也明确规定：“上级工会可以派员帮助和指导用人单位的职工组建工会。”“阻挠”是指以各种方式阻止、限制上级工会派员帮助和指导企业、事业单位以及其他组织的职工组建工会，其中包括拒绝与上级工会就建会问题约见商谈；阻止、限制上级工会派员进入企业、事业单位和其他组织；对上级工会派出的人员进行威胁、殴打、谩骂、侮辱；等等。

注意：实践中，上级工会可以派员帮助和指导企业职工组建工会的方式，包括与企业、事业单位以及其他组织的法定代表人或者负责人约见商谈，取得其对职工组建工会的理解与支持；在与企业、事业单位以及其他组织的法定代表人或者负责人协商确定的时间内进入企业、事业单位以及其他组织，以口头、书面等各种形式向职工宣传建会的意义和入会的方式。

112 上级工会如何做好派员指导职工组建工会工作？

上级工会根据《工会法》和《中国工会章程》的有关规定，派员指导职工组建工会，要注意把握好四个环节：（1）要坚决贯彻“哪里有职工，哪里就要建立工会组织”的原则。（2）按照《工会法》和《中国工会章程》的有关规定，适应企业组织形式、职工队伍结构、劳动关系、就业形态等方面的发展变化，坚持因地制宜、因企制宜，实现组建方式的灵活多样，入会手续的简便易行。（3）要坚持边组建、边巩固、边规范、边发挥作用的工作要求，按照基层工会组织建设的有关规定，千方百计地使工会建起来、转起来、活起来。（4）上级工会向基层单位选派工会干部，一定要把好人选关。一是要把好政治关。选派的人员要政治坚定，思想进步，作风正派，具有大局观念和服务意识。二是把好素质关。选派的人员应具有一定的企业经营管理知识、工会业务知识和组织协调能力，一般应具有大专以上学历。三是要与用人单位行政协商，取得用人单位的理解与支持。四是加强对选派人员的教育、培训和管理，指导他们依法开展工作。

113 为什么不能随意撤销、合并工会组织？

《中国工会章程》第十六条规定："成立或者撤销工会组织，必须经会员大会或者会员代表大会通过，并报上一级工会批准。工会基层组织所在的企业终止，或者所在的事业单位、机关和其他社会组织被撤销，该工会组织相应撤销，并报上级工会备案。其他组织和个人不得随意撤销工会组织，也不得把工会组织的机构撤销、合并或者归属其他工作部门。"《工会法》第十三条也明确规定："任何组织和个人不得随意撤销、合并工会组织。"

根据《工会法》第五十四条的规定，对于非法撤销、合并工会组织的，由县级以上人民政府责令改正，依法处理。县级以上人民政府应当责令有关责任人立即停止违法行为；对拒不改正的，或给予行政处罚，或给予违法行为直接责任人行政处分；对有关企业可以给予通报批评，责成其进行必要的整顿；等等。因此，对非法撤销、合并企业工会组织的行为，上级工会要采取相应措施或通过法律途径积极予以纠正，以维护工会组织的合法权益，维护工会组织体系的完整。

CHAN YE GONG HUI ZU ZHI

第六部分

产业工会组织

114 什么是产业工会?

产业工会是由同一行业或性质相近的几个行业的职工组成的具有社团法人资格的工会组织。《工会法》第十五条规定:“中华全国总工会、地方总工会、产业工会具有社会团体法人资格。”《中国工会章程》第十一条规定:“同一行业或者性质相近的几个行业,根据需要建立全国的或者地方的产业工会组织。”由此可以清楚地看到,产业工会是《工会法》和《中国工会章程》明确规定的一级工会组织,不能等同于一级工会组织里面的职能部门和内设机构。

产业工会是我国工会全面履行各项社会职能、突出维护职能的重要组织力量,是工会在党和国家工作大局中充分发挥作用的重要组织平台,是产业职工合法权益的代表者和维护者、产业劳动关系的协调者、产业经济持续健康发展的促进者,在维护产业职工合法权益、协调产业劳动关系、加强产业职工队伍建设、促进产业改革发展中具有重要地位和不可替代的作用。根据《中国工会章程》的规定,“同一行业或者性质相近的几个行业,根据需要建立全国的或者地方的产业工会组织”。产业工会主要分为全国产业工会和地方各级产业工会。

115 如何设置产业工会?

《中国工会章程》第十一条规定:"同一行业或者性质相近的几个行业,根据需要建立全国的或者地方的产业工会组织。"第二十一条规定:" 产业工会全国组织的设置,由中华全国总工会根据需要确定。"第二十四条规定:"各级地方产业工会组织的设置,由同级地方总工会根据本地区的实际情况确定。"根据上述有关规定,全国产业工会的设置,由中华全国总工会根据需要确定。地方产业工会组织的设置,由同级地方总工会确定,但实行垂直领导的产业工会地方组织的设置,由相关全国产业工会提出意见,报全国总工会批准。

《中华全国总工会关于深入推进产业工会工作创新发展的意见》中明确,设置产业工会,应本着有利于加强党对工会工作的领导,有利于推动产业改革发展,有利于维护产业职工合法权益、服务产业职工,根据不同区域的经济特征、产业结构调整变化、产业经济和职工集聚程度,灵活合理地设置产业工会,调整健全产业工会组织体系,努力形成自上而下、工作贯通、覆盖不同所有制企事业单位和相关社会组织的产业工会组织体系。

116 产业工会的组织原则是什么?

产业工会的组织原则是产业工会在组织方式及内部组织关系方面的准则。它对于产业工会的组织结构、组织体系、组织领导均具有规范和指导作用，它是在工会运动自身发展的过程中逐步确立的。《工会法》明确规定，“工会各级组织按照民主集中制原则建立”。《中国工会章程》明确规定，“中国工会实行产业和地方相结合的组织领导原则”“地方总工会是当地地方工会组织和产业工会地方组织的领导机关。全国建立统一的中华全国总工会。中华全国总工会是各级地方总工会和各产业工会全国组织的领导机关”。这就从法律和章程上明确规定了产业工会在中国工会组织体系中的地位作用，是我们研究和加强产业工会建设、发挥产业工会作用的重要理论、法律依据和必须遵循的重要组织原则。认真贯彻中国工会产业和地方相结合的组织领导原则，有利于工会接受党的领导，有利于发挥工会在国家和社会事务管理中的民主参与、民主管理作用，有利于团结和统一全国工人阶级的力量，有利于发挥产业工会和地方总工会的两个积极性。

117 产业工会委员会如何组成?

《中国工会章程》第十二条规定:“全国产业工会、各级地方产业工会、乡镇工会和城市街道工会的委员会,可以按照联合制、代表制原则,由下一级工会组织民主选举的主要负责人和适当比例的有关方面代表组成。”按照联合制、代表制原则组成的产业工会委员会,是指各级产业工会的领导机构由其所属基层工会或下级工会的代表联合组成,真正做到工会代表职工,上级代表下级,各级工会为基层、为职工服务的原则。按照这种原则产生的产业工会领导机构与召开各级工会会员代表大会选举产生的产业工会委员会,都由会员选举产生,具有相同的权利和义务。

118 什么是全国产业工会?

全国产业工会(产业工会全国委员会)是中华全国总工会领导下的全国一级的工会组织。《中国工会章程》第二十一条规定:“产业工会全国组织的设置,由中华全国总工会根据需要确定。”根据国民经济部门和产业结构分布情况变化,为适应我国行政管理体制改革的需要,全国总工会对全国产业工会的设置进行过多次调整。1995 年全国总工会机关机构改革时,设置了

16 个全国产业工会。2001 年按照中央关于群团机关机构改革的要求，全国产业工会重组合并为 10 个。目前，这 10 个全国产业工会分别为：3 个不驻会的全国产业工会，即中华全国铁路总工会、中国民航工会全国委员会、中国金融工会全国委员会；7 个设在中华全国总工会机关的驻会产业工会，即中国教科文卫体工会全国委员会、中国海员建设工会全国委员会、中国能源化学地质工会全国委员会、中国机械冶金建材工会全国委员会、中国国防邮电工会全国委员会、中国财贸轻纺烟草工会全国委员会、中国农林水利气象工会全国委员会。

为与产业行政管理体制相适应，中华全国铁路总工会、中国民航工会全国委员会、中国金融工会全国委员会实行全国产业工会垂直领导体制。中华全国铁路总工会、中国民航工会全国委员会、中国金融工会全国委员会以同级党委领导为主，同时，接受中华全国总工会的领导。设在中华全国总工会机关的 7 个全国产业工会，直接接受中华全国总工会的领导。

119 全国产业工会是如何设置和分类的?

全国产业工会是中华全国总工会领导下的本产业工会所属各级工会组织的全国领导机构，在研究解决涉及本产业发展和职工切身利益的行业性、全局性、政策性突出问题，落实工会重点工作，提高本产业工会工作整体水平，团结动员职工促进本产业的改革与发展等方面起着至关重要的作用。根据《中国工会章程》的规定，“产业工会全国组织的设置，由中华全国总工会根据需要确定”。

按产业工会领导机构的产生方式分类，全国产业工会可分为实行工会代表大会制度的产业工会，即中华全国铁路总工会；其余 9 个为按联合制、代表制原则建立的产业工会全国委员会。按产业工会隶属关系和办公地点分类，分为不驻会全国产业工会，即中华全国铁路总工会、中国民航工会全国委员会、中国金融工会全国委员会，以对应产业部委或对应公司党组领导为主，办公地点设在对应产业部委或对应公司，其余 7 个为驻会全国产业工会，设在中华全国总工会机关。按产业工会收缴和管理工会经费的权限分类，分为独立管理工会经费的产业工会，即中华全国铁路总工会、中国民航工会全国委员会、中国金融工会全国委员会；其余 7 个为不管理工会经费的全国产业工会。

120 全国产业工会领导机构是如何产生的?

根据《中国工会章程》的规定，产业工会全国委员会的建立，经中华全国总工会批准，可以按照联合制、代表制原则组成，也可以由产业工会全国代表大会选举产生。全国委员会每届任期五年，任期届满，应当如期召开会议，进行换届选举。在特殊情况下，经中华全国总工会批准，可以提前或者延期举行。

在10个全国产业工会中，中华全国铁路总工会是实行工会代表大会制度的产业工会，其余9个全国产业工会都是按联合制、代表制原则建立的产业工会全国委员会。按联合制、代表制原则建立的7个驻会产业工会全国委员会，由本产业下一级工会组织的主要负责人和适当比例的基层工会代表和劳模、一线职工代表等组成，委员会委员的数额，根据本产业的职工人数和实际工作需要由中华全国总工会确定。产业工会全国委员会的组成和委员名额分配方案，由全国产业工会提出，报中华全国总工会书记处审批后，通知本产业的省级产业工会，并抄送省、自治区、直辖市总工会。省级产业工会根据分配的名额推荐委员候选人，报请所在省、自治区、直辖市总工会同意后，召开省级产业工会委员会或所属基层工会主席联席会议确定产生。产业工会全国委员会机关的委员，由本产业工会分党组提名。

产业工会全国委员会（以下简称“全委会”）的委员实行替补制。当选全委会委员的地方产业工会领导人和其他方面的代表，当他们因退休、工作或职务变动等原因需要调整其委员职务时，由省级产业工会提出免去其全委会委员职务的建议，并提出相应的替补人选，经全委会确认后予以替补。对应产业行政管理部门的有关负责人被选为全委会委员，当他们因退休、工作或职务变动等原因需要调整其全委会委员职务时，由全国产业工会提出免去其全委会委员职务的建议，并与对应产业行政管理部门协商提出相应的替补人选，经全委会确认后予以替补。全委会机关的有关负责人被选为全委会委员，当他们因退休、工作或职务变动等原因需要调整其全委会委员职务时，由全国产业工会提出免去其全委会委员职务的建议，并提出相应的替补人选，经全委会确认后予以替补。

产业工会全国委员会设立常务委员会，在全委会会议闭会期间履行全委会的职责。常务委员会由主席、副主席和常务委员组成。常务委员会的委员数额由中华全国总工会确定。常务委员会候选人由产业工会分党组提名，报经中华全国总工会书记处同意后，由产业工会全国委员会全体会议民主选举产生。主席、副主席候选人由中华全国总工会党组提名，经全委会全体会议民主选举产生。常务委员会委员和主席、副主席均实行等额选举，选举结果报中华全国总工会书记处审批。

121 全国产业工会领导机构的职权有哪些?

产业工会全国代表大会和按照联合制、代表制原则组成的产业工会全国委员会全体会议的职权是：审议和批准产业工会全国委员会的工作报告；选举产业工会全国委员会或者产业工会全国委员会常务委员会。独立管理经费的产业工会，选举经费审查委员会，须向产业工会全国代表大会或者委员会全体会议报告工作。产业工会全国委员会常务委员会由主席一人、副主席若干人、常务委员若干人组成。

122 全国产业工会实行什么样的领导体制?

根据《中国工会章程》第十一条的规定，“各产业工会的领导体制，由中华全国总工会确定”。中华全国铁路总工会、中国民航工会全国委员会、中国金融工会全国委员会3个全国产业工会实行全国产业工会垂直领导的体制，并以同级党委领导为主，同时，接受中华全国总工会的领导。其余7个全国产业工会均设在中华全国总工会机关，直接接受中华全国总工会的领导。

123 什么是地方产业工会?

地方产业工会是在同级地方总工会领导下的一级工会组织。根据《中国工会章程》第二十四条的规定，“各级地方产业工会组织的设置，由同级地方总工会根据本地区的实际情况确定”。省、自治区、直辖市总工会，自治州、市总工会，县（旗）总工会，根据当地产业结构和职工队伍的构成情况，可建立本地区的产业工会组织。

在实践中，由于各地经济结构和职工队伍构成情况不同，地方产业工会设置差异比较大，产业工会的内部结构也不尽相同。有的产业工会召开工会代表大会，领导班子由工会代表大会民主选举产生；有的产业工会按照联合制、代表制原则组成产业工会领导机构；有的产业工会设置工作委员会，作为上一级工会的派出机构；有一些地方产业工会主席按照同级总工会副职级配备，多数地方产业工会主席按照同级总工会中层干部配备；有的产业工会设置常委会和工作机构。有的产业工会设在地方总工会，称为驻会产业工会，以所在地方总工会领导为主；有的产业工会设在政府有关部门，称为非驻会产业工会，以相关部门党组织领导为主。除实行垂直领导的铁路、民航、金融等产业工会外，地方产业工会以同级地方工会领导为主，同时，接受上级产业工会的领导。

根据《中国工会章程》第十一条的规定，“中华全国总工会执行委员会委员和产业工会全国委员会委员实行替补制，各级地方总工会委员会委员和地方产业工会委员会委员，也可以实行替补制”。地方产业工会委员会任期也与同级地方总工会委员会相同，每届 5 年。

124 如何调整地方产业工会的设置？

根据全国总工会 2016 年印发的《中华全国总工会关于深入推进产业工会工作创新发展的意见》，一是省级产业工会根据省（区、市）产业经济发展和产业职工队伍变化实际，可以建立驻会产业工会，也可以依托行政主管部门或骨干企业集团等设立产业工会。结合省级工会改革，逐步规范理顺省级产业工会组织。二是城市产业工会应根据城市产业结构变化，及时调整产业工会设置，重点在产业特征明显、职工集聚度高的产业建立产业工会组织，扩大产业工会覆盖面。在市级总工会的领导下，可以在行业协会组织健全、发育成熟的行业，已经形成以骨干企业为龙头的上下游产业链、企业联系紧密的行业，政府行政约束力强、管理规范的行业开展建立市级行业工会联合会试点工作，已经建立的要注重加强规范性建设。三是在县以下产业经济发展较好、产业职工较多的地方，按照地域相近、行业相同、管理服务便捷的原则，采取联合制、代表制方式，积极推进建立县（区）、乡镇（街道）或工业园区等行业工会联合会，接长产业工会手臂、延伸工作触角，覆盖不同所有制企事业单位和相关社会组织。覆盖的企事业单位工会组织领导关系、经费收缴渠道保持不变。地方工会要加强对行业工会联合会的领导，给予人力、物力、财力等支持保障。

注意：在工会机构改革中，要充分考虑产业工会的地位和作用的不可替代性和不可或缺性，注重科学设置、调整规范产业工会，不能随意撤销产业工会组织。

125 如何理解地方产业工会组织的建立必须报上一级工会批准？

《工会法》第十二条规定："基层工会、地方各级总工会、全国或者地方产业工会组织的建立，必须报上一级工会批准。"建立地方产业工会，报上一级工会组织，应该是其所在地方的总工会。这是因为，根据《中国工会章程》第十一条的规定，“地方总工会是当地地方工会组织和产业工会地方组织的领导机关”。《中国工会章程》第二十四条规定：“各级地方产业工会组织的设置，由同级地方总工会根据本地区的实际情况确定。”以市级产业工会的建立为例，市级产业工会作为一级工会组织，其上一级工会组织为同级地方总工会即市级总工会，其建立由市级总工会研究确定，无须报省级总工会。同时，市级产业工会作为市级总工会领导下的一级工会组织，其成立涉及机构编制等有关问题，必须由市级总工会报市级编办部门批准后才能正式成立。

126 我国产业工会的工作重点是什么？

根据《中国工会章程》和《中华全国总工会关于深入推进产业工会工作创新发展的意见》的相关规定，产业工会的工作重点是：调查研究和反映本产业改革发展重大问题和职工特殊利益问题，参与涉及本产业职工切身利益的法律法规和政策的制定，维护本产业职工合法权益；推动建立科学合理的产业（行业）劳动标准，开展行业工资集体协商，推动建立企业职工工资决定机制、正常增长机制和支付保障机制，构建和谐劳动关系；推动建立健全以职工代表大会为基本形式的企事业单位民主管理制度，推进厂务公开、业务公开，落实职工群众知情权、参与权、表达权、监督权，坚持和完善职工董事制度、职工监事制度；围绕产业经济发展，组织开展具有产业特点的示范性、引领性劳动和技能竞赛、安全生产等建功立业活动，积极推荐和评选本产业的先进典型和劳动模范；以社会主义核心价值观为引领，深入实施产业职工素质建设工程，建设知识型、技术型、创新型产业职工队伍，培养产业“大国工匠”，提高产业职工队伍素质；总结经验，推广典型，指导产业所属基层工会工作。

全国产业工会、省级产业工会、城市产业工会、县级产业（行业）工会应立足实际、突出重点，有所侧重地开展工作，体现层次性、差异性和灵活性。

127 健全产业工会组织体系的原则是什么？

组织健全是产业工会工作的基础。我国幅员辽阔，区域差异明显，各地产业结构不尽相同，产业工会的设置很难做到完全上下对口、一一对应。健全产业工会组织体系，必须坚持产业和地方相结合的组织领导原则，本着有利于加强党对工会工作的领导，有利于推动产业改革发展，有利于维护产业职工合法权益、服务产业职工，着眼有效扩大工作覆盖面，从实际出发，根据不同区域的经济特征、产业结构调整变化、产业经济和职工集聚程度，灵活合理地设置产业工会，健全产业工会组织体系。对本地区经济结构中的主导产业、形成集群化发展的产业、职工队伍比较集中的产业，建立健全产业工会；在节能环保、生物技术、信息技术、智能制造、高端装备、新能源等具备一定规模的新兴产业和现代服务业中，加大产业工会组建力度；对一时建立不起来产业工会的，建立有效的工作联系渠道，形成自上而下、工作贯通、覆盖不同所有制企事业单位和相关社会组织的产业工会组织体系。条件成熟的产业工会工作委员会应逐步过渡为产业工会委员会，成为一级工会组织。在工会改革中，要科学设置、调整规范产业工会，不得随意撤销产业工会组织。在市级总工会的领导下，可以在行业协会组织健全、发育成熟的行业，已经形成以骨干企业为龙头的上下游产业链、企业联系紧密的行业，政府行政约束力强、管理规范的行业开展建立市级行业工会联合会试点工作，已经建立的要注重加强规范性建设。

128 健全产业工会组织体系的目标是什么？

健全产业工会组织体系的目标即发展方向，是要在中华全国总工会和地方总工会的领导下，建立起自上而下的产业工会组织网络，把本产业包括非公有制企业工会在内的所有基层工会组织起来，努力做到全面覆盖，既能够负责管理其直属的基层工会组织，又能够承担起对下级地方所属本产业企业工会和行业工会进行指导服务的任务。为此，可根据促进产业发展和维护职工利益的需要，积极探索建立区域性行业工会，并在组织隶属关系、上缴经费渠道、工作对象、会籍管理不变的情况下，实行地方产业工会与区域性行业工会的衔接，从而推进建立覆盖全行业的产业工会组织体系，发挥工会组织的整体功能。

129 如何建立全国产业工会与省级工会的工作联系渠道？

省级产业工会领导范围能够与全国产业工会相对应的，在接受省级总工会领导的同时接受相关全国产业工会的领导；难以与全国产业工会相对应的，应确定相关产业工会或省级总工会有关部门负责联系，以保证全国产业工会上下工作渠道的畅通。

130 产业工会与地方工会相比有何特点和优势？

与地方工会相比，产业工会在开展劳动和技能竞赛、提高产业工人队伍素质、推进行业集体协商、加强职业安全卫生等方面具有专业优势。产业工会要发挥作用，就要坚持有所为有所不为，做到与地方工会优势互补、与基层工会密切联系。产业工会要紧密结合产业特点，围绕产业改革发展和工会重点任务开展工作，及时向同级地方工会汇报产业工会工作情况、反映产业职工诉求；地方工会要加强对产业工会的工作指导，及时为产业工会提供政策支持，共同做好对基层工会的指导服务。

131 如何合理地划分产业工会与地方工会的职责?

在建立健全地方工会组织，发挥地方工会对本地区工会实行统一领导的同时，要按照产业结构和职工队伍的构成情况，建立健全产业工会组织，并根据产业行政管理体制确定工会的领导体制。属于产业特色的工作和特殊性问题，主要由上级产业工会负责，地方总工会支持配合；属于工会统一性要求和地区性问题，主要由地方总工会负责，上级产业工会支持配合，避免职责交叉、工作重复。实行垂直领导的全国产业工会对所属工会组织的工作实行全面领导，要加强与地方总工会的联系与沟通，所属基层工会应当主动向所在地方总工会报告工作，接受工作指导。其他地方产业工会在同级地方总工会的领导下，对本产业所属工会组织的工作实行领导，按照上级产业工会的工作部署，结合产业实际，突出产业特点，创造性地开展工作。

合理地划分地方工会和上级产业工会的职责。地方工会要加强对产业工会工作的指导，及时对产业工会提供理论政策支持；产业工会要认真总结本产业基层工会工作经验、及时反馈工作中遇到的困难和问题；加大上级产业（行业）工会代表基层和（县以下）产业工会依法维权的力度，形成工作合力，共同加强对基层工会的指导服务。

地方工会的主要职责是：做好社会保障、劳动就业、医疗保险、劳动关系协调以及涉及地方性的立法、政策参与等工作，开展地方性的工会活动和对工会日常工作进行指导。

上级产业工会的主要职责是：开展调查研究和反映本产业改革发展重大问题以及职工特殊利益问题，参与涉及本产业职工切身利益的法律法规和政策的制定，维护本产业职工合法权益；指导基层工会建立健全以职工代表大会为基本形式的企事业单位民主管理制度，推动建立产业（行业）的科学劳动标准，开展行业工资集体协商，建立企业职工工资决定机制、正常增长机制和支付保障机制，构建和谐劳动关系；围绕产业经济发展，组织开展具有产业特点的劳动竞赛、安全生产、班组建设等建功立业活动，提高职工队伍素质，参与推荐和评选本产业的先进典型和劳动模范；调查研究，总结经验，推广典型，指导所属产业的工会工作；培训本产业工会干部，提高工会干部的工作能力和水平。

132 如何加强城市和县级产业（行业）工会建设？

城市和县级工会直接领导基层工会，直接面向职工群众，在工会组织体系中处于承上启下的重要地位。城市和县级地方工会要按照上级工会的工作部署，结合本地实际研究确定工会工作重点，提出具体要求，通过产业（行业）工会直接面向基层抓好落实。城市产业工会应根据城市产业结构变化，及时调整产业工会设置，重点在产业特征明显、职工集聚度高的产业建立产业工会组织，扩大产业工会覆盖面，建立覆盖产业不同所有制企业工会的产业（行业）工会组织体系；根据区县经济发展的新情况，承担起对本产业县（区）行业工会联合会指导和服务的职责，在县级以下区域积极推动开展行业或区域平等协商，签订行业性或区域性集体合同。

在县以下产业经济发展较好、产业职工较多的地方，按照地域相近、行业相同、管理服务便捷的原则，采取联合制、代表制方式，积极推进建立县（区）、乡镇（街道）或工业园区等行业工会联合会，接长产业工会手臂、延伸工作触角，覆盖不同所有制企事业单位和相关社会组织。覆盖的企事业单位工会组织领导关系、经费收缴渠道保持不变。地方工会要加强对行业工会联合会的领导，给予人力、物力、财力等支持保障。

积极探索建立县级以下行业工会联合会。县级工会可根据产业工会工作需要和基层单位小而分散、职工流动频繁的特点，建立县（区）、乡镇（街道）行业工会联合会。在健全和完善乡镇（街道）工会、社区工会、企业工会组织网络的同时，根据行业分布、企事业规模、职工人数和工作需要，建立县（区）、乡镇（街道）行业工会联合会。在县（区）、乡镇（街道）建立行业工会联合会，应当因地制宜、积极稳妥地推进；坚持以企业工会为基本单位组成、同时接受本产业工会的工作指导；坚持基层工会组织领导关系保持不变。

133 产业工会与机关所属企事业单位工会是什么关系？

在《中华全国总工会关于深入推进产业工会工作创新发展的意见》中明确，党委、政府等机关所属企事业单位的工会，按照属地管理原则，一般由地方工会或相关产业工会领导（除少数与机关联系密切、直接为机关服务的所属单位）。机关工会作为基层工会的一种组织形式，原则上不代行产业工会职责（不搞机关工会的系统工会），但在省、市、县级可以分别建立本级的机关工会联合会，履行产业工会职能。

134 产业工会是否具有社团法人资格？

根据《工会法》第十五条的规定："中华全国总工会、地方总工会、产业工会具有社会团体法人资格。"从《工会法》的规定可知，产业工会一经建立即取得法人资格（未经选举产生的产业工会工作委员会除外），属于自然取得；基层工会需要登记取得。因此，产业工会委员会的法人资格是不需要登记的。在实践中，一些地方要求产业工会出示法人资格证书。为方便工作，《中华全国总工会办公厅关于进一步做好工会经费独立核算工作的通知》规定："产业工会办理银行账户开户手续过程中，确需提供工会法人资格证书的，可以向所在地地市级以上工会领取工会法人资格证书。”根据该规定，产业工会可以向所在地地市级以上工会领取工会法人资格证书。

135 产业工会的社团法人资格如何具体体现？

产业工会的社团法人资格，主要通过以下方式具体体现：一是通过独立参与研究、起草涉及职工切身利益的法律、法规及规章、制度等，组织职工参加管理国家事务、社会事务等。二是通过与相应的行政部门建立联席会议制度，与相应的行业协会签订集体合同，维护产业职工合法权益，改善产业职工的劳动条件和生活条件等。三是当职工的合法权益受到侵犯时，可作为职工的代理人向人民法院提起诉讼。四是保护产业工会自身的合法权益不受侵犯，当有关方面不履行法律规定的对产业工会的义务时，当工会经费、财产受到侵犯时，可以独立民事主体资格诉诸法律，请求保护。

HUAN JIE XUAN JU

第七部分

换届选举

136 工会为什么要进行换届选举?

工会是党领导的工人阶级自愿结合的群众组织。工会的主体是工会会员。工会的组织原则是民主集中制。因此，工会的一切重大决定、工作方针和任务，都应当听取会员的意见，体现会员的意愿和要求；工会的领导人员应由会员（代表）民主选举产生；工会干部和工会的一切工作都应接受会员的监督。

根据《中国工会章程》的规定，各级工会委员会和经费审查委员会每届都有一定的任期，任期届满都应召开工会会员代表大会或会员大会，重新选举产生新一届工会委员会和工会经费审查委员会，即换届选举。换届选举的目的，是确保工会会员对他们选举出的工会领导班子进行考核、监督和重新选择的权利。这是实现工会民主集中制的一项根本制度，是加强工会建设的一项根本措施，是充分发扬民主、健全工会民主生活的一项重要内容，也是调整、充实和加强工会领导班子的重要方法。各级工会委员会必须遵守这一制度。

137 关于工会换届选举的主要依据有哪些?

工会换届选举工作的主要依据：一是《工会法》；二是《中国工会章程》；三是全国总工会印发的有关换届选举的文件规

定。其中，全国总工会执行委员会委员、经费审查委员会委员的换届选举工作，主要依据是全国总工会印发的《关于中华全国总工会执行委员会委员届中调整的若干规定》《关于中华全国总工会经费审查委员会委员届中调整的若干规定》等。地方工会的换届选举工作，主要依据是全国总工会印发的《关于地方工会召开代表大会及组成工会委员会、经费审查委员会的若干规定》《关于省级工会换届和届中领导班子成员调整有关程序的规定》等。基层工会的换届选举工作，主要依据是全国总工会印发的《工会基层组织选举工作条例》《基层工会会员代表大会条例》等。产业工会的换届选举，根据全国总工会印发的《关于地方工会召开代表大会及组成工会委员会、经费审查委员会的若干规定》第三十九条的规定，“各级产业工会、乡镇（街道）总工会换届和选举工作可参照本规定执行”。

138 工会民主选举都有哪些方式?

根据《中国工会章程》第十条的规定，民主选举一律采用无记名投票的方式。根据划分方式不同，民主选举具体有以下几种方式：

（1）差额选举和等额选举。差额选举，是指候选人数多于应选人数的选举；等额选举，是指候选人数与应选人数相等的选举。根据《中国工会章程》的规定，工会各级代表大会的代表和工会委员会的委员必须实行差额选举。各级工会委员会常务委员会委员和主席、副主席可以实行差额选举，也可以实行等额选举，具体采取哪种选举方式，由代表大会决定。

（2）直接选举和间接选举。《中国工会章程》第二十七条规定："基层工会委员会的委员，应当在会员或者会员代表充分酝酿协商的基础上选举产生；主席、副主席，可以由会员大会或者会员代表大会直接选举产生，也可以由基层工会委员会选举产生。"《工会基层组织选举工作条例》第十九条规定："基层工会主席、副主席由会员大会或会员代表大会直接选举产生的，一般在经营管理正常、劳动关系和谐、职工队伍稳定的中小企事业单位进行。"《工会基层组织选举工作条例》第十条明确规定，"基层工会委员会的委员、常务委员会委员和主席、副主席的选举均应设候选人"。

139 工会民主选举的程序和范围是什么？

为了保证民主选举工作的顺利进行，在选举前要制定选举办法，对候选人的提出、选举的人数、选举的方式、选举的规则、计票的要求以及选举结果的认定和报批程序等作出明确规定。选举时要充分尊重选举人的意愿，任何组织和个人不得以任何方式强迫选举人选举或不选举某个人。各级工会领导机构和领导成员的产生以大会选举结果为准，在选举当日生效。按照《中国工会章程》的规定，基层工会委员会、常务委员会和主席、副主席以及工会经费审查委员会的选举结果，报上一级工会批准。同时，按照干部管理权限，报同级党组织。上级工会组织部门应根据大会选举情况（对候选人的提出、选举的人数、选举的方式、选举的规则、计票的要求以及选举结果的认定和报批程序等），对选举结果进行审核，及时进行批复。2015 年印发的《中共中央关于加强和改进党的群团工作的意见》明确指出：“尊重群团组织民主选举结果，保持领导干部任期内稳定。”

140 工会民主选举的原则和要求都有哪些?

根据全国总工会 2015 年印发的《关于地方工会召开代表大会及组成工会委员会、经费审查委员会的若干规定》和 2016 年印发的《工会基层组织选举工作条例》的规定，工会民主选举的原则和要求是：

（1）工会各级代表大会的代表和委员会的产生，要充分体现选举人的意志。体现选举人意志的主要要求是：①选举要充分发扬民主，尊重选举人的意愿，切实保障选举人的民主权利。②任何组织和个人，不得以任何方式强迫选举人选举或不选举某个人。③要尊重选举结果，选举结果如与候选人名单不一致，应以选举结果为准。

（2）会员都有选举权和被选举权，保留会籍者不参加选举，非会员没有选举权和被选举权。选举人要珍惜自己的民主权利。

（3）工会代表大会代表，工会委员会委员、常委、主席、副主席，工会经费审查委员会委员、主任、副主任候选人的产生：①必须按照民主集中制原则，经过自下而上的酝酿、反复讨论，根据多数人的意见确定。②选举人拥有了解候选人的情况、要求更换候选人、不选任何一个候选人和另选他人的权利。③候选人名单必须经过代表大会或会员大会讨论通过方为有效。④候选人不限于本届代表大会的代表。

（4）民主选举的方式：①选举要采取无记名投票的方式进行。即选举人在选票上不署名，并由本人直接将选票投入票箱的投票方式。②工会委员会委员、常委、主席、副主席，工会经费审查委员会委员、主任、副主任按《中国工会章程》规定的范围进行选举，获得超过选举范围人数的半数以上选票方能当选。③可以经过预选产生候选人名单，然后进行正式选举，也可以不经过预选，采用候选人数多于应选人数的差额选举办法进行选举。

（5）代表、委员等候选人名单，按姓氏笔画为序排列。

（6）从委员中增补常委或主席、副主席，主任或副主任要由委员会选举产生，不是委员的要先增选为委员。增选的委员要在下一次会员大会或会员代表大会上予以确认。

（7）在选举过程中，绝不允许进行派别和非组织活动，绝不允许追查选票，虚报选票，以及打击报复。

（8）选举中，如果发生违反《中国工会章程》规定的情况，同级党组织和上一级工会委员会在调查核实后，应作出选举无效和采取相应措施的决定。对破坏选举者要进行制裁。

141 工会各级代表大会一般多长时间召开一次?

根据《工会法》和《中国工会章程》的有关规定，地方工会代表大会一般每五年举行一次。工会基层组织的会员大会或会员代表大会，一般每年召开一次，会员代表大会的代表实行常任制，任期三年至五年。各级工会都必须按期召开会员代表大会或会员大会。各级工会在特殊情况下，需提前或延期换届的，必须事先申明理由，专题请示，报经上一级工会批准。

142 地方工会的换届选举工作如何筹备和组织?

工会的换届选举工作，一般由该级工会委员会在同级党组织和上级工会的领导下，负责筹备和组织。根据全国总工会印发的《关于地方工会召开代表大会及组成工会委员会、经费审查委员会的若干规定》的规定，工会召开代表大会进行换届选举，在同级工会委员会作出决定后，必须写出书面请示，报同级党委和上级工会同意后方可进行。代表大会正式召开时，应由大会选举出的主席团主持和领导。在代表大会进行期间，直到新的工会委员会选举产生之前，工会的日常工作仍由本届工会委员会主持。新选举产生的工会委员会在上级工会批准之前，可以履行领导职权。

143 地方工会换届选举的一般程序是什么？

根据《工会法》《中国工会章程》及全国总工会印发的有关文件规定，地方工会换届的一般程序是：

（1）联系沟通。上级工会组织部门在下级工会任期届满当年年初，致函下级工会主管党委组织人事部门，就下级工会换届时间、领导班子换届考察和新一届领导班子人选推荐工作等事宜进行沟通，并将有关情况通报下级工会。下级工会协助做好有关工作。

（2）请示。下级工会换届前，应先征得主管党委同意，并向上级工会上报召开换届会议的请示。

（3）审批。上级工会根据中华全国总工会《关于地方工会召开代表大会及组成工会委员会、经费审查委员会的若干规定》，审核并批复下级工会召开换届会议的请示。

（4）领导班子的推荐、考察。上级工会组织部门在收到主管党委组织人事部门考察通知后，配合主管党委组织人事部门共同进行新一届领导班子人选的推荐和考察工作。考察完成后，主管党委就新一届领导班子人选，书面征求上级工会党组意见，经上级工会党组会议研究同意后以党组名义复函。

（5）选举及选举结果批复。下级工会召开换届会议履行选举程序后，一般在1周内将选举结果报上级工会，上级工会对选举结果进行批复，同时抄送主管党委。

144 地方工会召开代表大会的请示一般包含哪些内容?

各级地方工会应按照《中国工会章程》的规定，按期召开代表大会进行换届。根据全国总工会印发的《关于地方工会召开代表大会及组成工会委员会、经费审查委员会的若干规定》第三十七条的规定，地方工会筹备召开代表大会前，应向上一级工会呈报召开代表大会的请示。请示应含有以下内容：同级党委关于换届工作的意见；召开会议的时间、地点；会议的主要任务、议程；会议代表的名额、条件、组成比例；工会委员会组成意见及委员分配方案，常务委员会的组成方案；经费审查委员会组成意见及委员分配方案，常务委员会的组成方案。

经同级党委和上一级工会批准后，方可筹备召开代表大会。在特殊情况下，由地方总工会委员会提议，经同级党委和上一级工会批准，可以提前或者延期召开代表大会。延期时间一般不得超过一年。

145 工会各级代表大会的代表和委员会如何产生?

根据《中国工会章程》第十条的规定，工会各级代表大会的代表和委员会的产生要充分体现选举人的意志。候选人名单要反复酝酿，充分讨论。工会各级代表大会的代表和委员会采取选举的方式产生。选举采用无记名投票方式，可以直接采用候选人数多于应选人数的差额选举办法进行正式选举，也可以先采用差额选举办法进行预选，产生候选人名单，然后进行正式选举。同时规定，任何组织和个人不得以任何方式强迫选举人选举或不选举某个人。

146 各级工会会员代表大会的组成和名额有何规定？

工会全国代表大会的代表名额一般为 2000 名左右，主要由各级工会组织的负责人和会员代表组成，同时，邀请部分老工会工作者、离退休职工、劳动模范等作为特邀代表列席大会，并邀请部分港澳工会工作者和职工代表作为港澳来宾列席大会。

关于地方工会会员代表大会的组成和名额，主要依据的是全国总工会 2015 年印发的《关于地方工会召开代表大会及组成工会委员会、经费审查委员会的若干规定》，其中，对会议代表的组成，工会委员会的组成，工会常务委员会的组成以及工会经费审查委员会的组成有明确规定；对工会换届会议代表，工会委员会委员，常务委员会委员，主席、副主席，以及工会经费审查委员会委员，常务委员会委员，主任、副主任的产生办法等也都有明确规定。

关于基层工会会员代表大会的组成和名额，主要依据的是全国总工会 2016 年 10 月印发的《工会基层组织选举工作条例》。

147 地方工会代表大会代表的组成和名额是如何具体规定的?

根据全国总工会印发的《关于地方工会召开代表大会及组成工会委员会、经费审查委员会的若干规定》的有关规定，地方工会代表大会代表的组成和名额具体规定如下：

（1）代表的组成应具有广泛的代表性。代表主要由工会工作者、先进模范人物、生产和工作一线的工人代表、知识分子代表、机关工作人员及其他人员组成，其中工会工作者不少于代表总数的55%，要有适当数量的妇女、少数民族代表。民族自治地方的工会召开代表大会，少数民族代表应占一定比例。

（2）各级地方总工会，召开代表大会的代表名额，按照下列规定确定：省、自治区、直辖市工会代表大会的代表，一般为400—900人。设区的市、自治州工会代表大会的代表，一般为200—500人。县（旗）、自治县、不设区的市和市辖区工会代表大会的代表，一般为100—400人。各地根据工会会员和工会组织数，经上一级工会同意，可适当增加或减少代表名额。

148 地方工会委员会的组成和名额是如何规定的?

根据全国总工会印发的《关于地方工会召开代表大会及组成工会委员会、经费审查委员会的若干规定》的有关规定，地方工会委员会的组成和名额具体规定如下：

（1）地方工会委员会的组成。各级地方总工会委员会，应由地方总工会及其部门、直属单位、所属产业工会负责人，下级地方总工会负责人，基层工会工作者，生产和工作一线的工人代表，以及与工会工作联系密切的相关单位的人员和社会知名人士组成，其中，工会工作者不少于委员总数的60%，要有一定数量的先进模范人物、妇女、少数民族委员。民族自治地区，工会委员会中少数民族委员应占一定比例。

（2）地方工会委员会的名额。各级地方总工会委员会委员名额，按照下列规定确定：省、自治区、直辖市总工会委员会委员，一般为91—181人。设区的市、自治州总工会委员会委员，一般为41—101人。县（旗）、自治县、不设区的市和市辖区总工会委员会委员，一般为27—51人。各地根据工会会员和工会组织数，经上一级工会同意，可适当增加或减少委员名额。

149 地方工会常务委员会的组成和名额是如何规定的?

根据全国总工会印发的《关于地方工会召开代表大会及组成工会委员会、经费审查委员会的若干规定》的有关规定，地方工会常务委员会的组成和名额具体规定如下：

（1）各级地方总工会常务委员会由主席、副主席和常务委员会委员组成。

（2）省、自治区、直辖市总工会常务委员会人数，一般不超过工会委员会人数的四分之一，其中，主席1人，副主席3—8人。根据工作需要，可另设兼职副主席。

（3）设区的市、自治州总工会常务委员会人数，一般不超过工会委员会人数的三分之一，其中，主席1人，副主席2—6人。

（4）县（旗）、自治县、不设区的市和市辖区总工会常务委员会人数，一般不超过工会委员会人数的三分之一，其中，主席1人，副主席2—4人。

（5）各级地方总工会主席、副主席（含兼职副主席）的人数应少于常务委员会人数的二分之一。

（6）各级地方总工会主席、副主席配备职数，根据有关规定，由同级党委和上一级工会协商决定。

150 地方工会经费审查委员会及其常务委员会的组成和名额是如何规定的?

根据全国总工会印发的《关于地方工会召开代表大会及组成工会委员会、经费审查委员会的若干规定》的有关规定，地方工会经费审查委员会及其常务委员会的组成和名额具体规定如下：

（1）各级地方总工会经费审查委员会，应由地方总工会经费审查委员会及其办公室负责人，地方总工会所属的部分独立管理经费的产业工会经费审查委员会负责人，下一级地方总工会经费审查委员会负责人和有关方面人员组成。

（2）各级地方总工会经费审查委员会委员人数，应不少于同级工会委员会人数的 20%，县级总工会经费审查委员会委员人数应不少于 5 人。

（3）省、自治区、直辖市总工会经费审查委员会设常务委员会，由 5—7 人组成，其中，主任 1 人，副主任 1—2 人，主任、副主任的人数应少于常务委员会人数的二分之一。

（4）设区的市、自治州及以下地方总工会经费审查委员会设主任 1 人，副主任 1 人。

151 地方工会代表大会选举的原则是什么？

根据全国总工会印发的《关于地方工会召开代表大会及组成工会委员会、经费审查委员会的若干规定》的有关规定，地方工会代表大会选举的原则如下：

（1）地方工会代表大会的代表和工会委员会委员、常务委员会委员、主席、副主席及经费审查委员会委员、常务委员会委员、主任、副主任均应履行有关民主程序，采用无记名投票方式选举产生。

（2）地方工会代表大会的代表和工会委员会委员、常务委员会委员、主席、副主席及经费审查委员会委员、常务委员会委员、主任、副主任候选人人选的产生，必须按照民主集中制原则，经过自下而上的反复酝酿、充分讨论后确定。工会委员会委员和经费审查委员会委员候选人人选不限于本次代表大会的代表。

152 地方工会代表大会选举办法的主要内容是什么?

全国总工会印发的《关于地方工会召开代表大会及组成工会委员会、经费审查委员会的若干规定》对地方工会代表大会选举的方法作了如下具体规定:

(1)代表大会的代表由各选举单位采用差额选举办法产生,差额率不低于15%。工会委员会和经费审查委员会均由代表大会选举产生。选举工会委员会委员采用差额选举办法,差额率不低于8%;选举经费审查委员会委员采用等额选举办法。差额选举,可以采用候选人人数多于应选人人数的差额选举办法直接进行正式选举,也可以先采用差额选举办法进行预选,产生候选人,然后采用等额选举办法进行正式选举。

(2)地方总工会常务委员会委员、主席、副主席和经费审查委员会常务委员会委员、主任、副主任,分别由工会委员会和经费审查委员会全体会议选举产生。

(3)地方总工会常务委员会委员,可以实行等额选举,也可以实行差额选举;主席、副主席实行等额选举。经费审查委员会常务委员会委员和主任、副主任实行等额选举。

153 地方工会代表大会候选人名单如何排列?

地方工会代表大会代表，工会委员会委员和常务委员会委员，经费审查委员会委员和常务委员会委员候选人名单，按姓氏笔画为序排列。工会委员会主席、副主席和经费审查委员会主任、副主任候选人名单，按提名的顺序排列。

154 地方工会选举时是否都要实行差额选举?

根据全国总工会印发的《关于地方工会召开代表大会及组成工会委员会、经费审查委员会的若干规定》的规定，地方工会选举时，不都是实行差额选举。选举地方工会代表大会的代表和工会委员会委员时采用差额选举办法，差额率分别为不低于15%和8%；选举地方工会主席、副主席和经费审查委员会委员、经费审查委员会常务委员会委员和主任、副主任采用等额选举办法；选举地方总工会常务委员会委员，可以实行等额选举，也可以实行差额选举。

155 地方总工会委员会工作报告的主要内容是什么?

各级地方工会代表大会的职权之一，是审议和批准同级总工会委员会的工作报告。工作报告的主要内容包括：（1）报告本届工会委员会在届期内领导本地区各级工会在工作上取得的成绩。（2）报告本届工会委员会在届期内工作中取得的基本经验和存在的不足。（3）报告今后本地区工会工作面临的形势和主要任务。

156 地方工会经费收支情况报告和经费审查委员会工作报告的主要内容是什么?

各级地方工会代表大会的职权之一，是审议和批准同级总工会委员会的经费收支情况报告和经费审查委员会的工作报告。

经费收支情况报告一般由分管主席受上届工会委员会的委托向代表大会报告。其主要内容包括：（1）报告工会经费收支决算的基本情况。（2）报告财务工作取得的主要成绩和存在的问题。（3）报告今后几年内工会财务工作的主要任务。

经费审查委员会的工作报告，一般由上届经费审查委员会指定报告人作报告，其主要内容包括：（1）从成绩和问题两个方面对本届财务工作作出的审查意见。（2）报告本届经费审查委员会所做的主要工作及其成绩和差距。（3）报告今后工会经费审查工作的主要任务。

157 如何确定地方工会选举是否有效?

确定地方工会选举是否有效，主要有两点：一是参加选举的会员代表或委员数必须超过应到人数的半数，选举方能进行；二是在选举中，收回的选票数等于或少于发出的选票数，选举有效，多于发出的选票数，选举无效，应重新选举。每张选票所选人数等于或少于规定应选人数的为有效票，多于规定应选人数的为无效票。

158 工会全国代表大会是否可以提前或延期举行?

《中国工会章程》第十七条规定："中国工会全国代表大会，每五年举行一次，由中华全国总工会执行委员会召集。在特殊情况下，由中华全国总工会执行委员会主席团提议，经执行委员会全体会议通过，可以提前或者延期举行。代表名额和代表选举办法由中华全国总工会决定。"工会全国代表大会提前或者延期举行，须由中华全国总工会执行委员会主席团提议，经执行委员会全体会议通过后确定。

159 地方工会代表大会是否可以提前或延期举行？

《中国工会章程》第二十二条规定："省、自治区、直辖市，设区的市和自治州，县（旗）、自治县、不设区的市的工会代表大会，由同级总工会委员会召集，每五年举行一次。在特殊情况下，由同级总工会委员会提议，经上一级工会批准，可以提前或者延期举行。"

地方工会应严格按照《中国工会章程》规定的任期，按期换届。特殊情况下，地方工会代表大会提前或者延期举行，须由同级总工会委员会提议，并报上一级工会批准后确定。例如，根据全国总工会组织部印发的有关文件规定，省级工会如提前或延期换届，应提前3个月向全国总工会书面请示并说明理由，全国总工会批复同意后方可进行。

160 地方工会代表大会何种情况下可以提前或延期举行？

在特殊情况下，由同级总工会委员会提议，经上一级工会批准，地方工会代表大会可以提前或者延期举行。特殊情况一般是指：（1）由于工作需要，工会主要领导人在任期内有较大变动，需要重新补选或调整。（2）在本地区出现大的事件影响大会的召开。（3）工会本身准备工作不足，不能确保大会顺利召开等不得不提前或延期举行的变故。

注意：凡提前或延期召开工会代表大会，必须事先向同级党组织和上一级工会报告，经双方研究并批准同意后方可实行。一般提前或延期的时间不超过一年。

161 基层工会会员大会或会员代表大会是否可以提前或延期举行？

《中国工会章程》第二十六条规定：“基层工会委员会和经费审查委员会每届任期三年至五年，具体任期由会员大会或者会员代表大会决定。任期届满，应当如期召开会议，进行换届选举。在特殊情况下，经上一级工会批准，可以提前或者延期举行。”因此，基层工会会员大会或会员代表大会提前或延期举行，须报上一级工会批准后确定。

注意：《中国工会章程》第二十六条规定：“经基层工会委员会或者三分之一以上的工会会员提议，可以临时召开会员大会或者会员代表大会。”因此，临时召开会员大会或者会员代表大会，其确定程序与提前或延期召开会员大会或者会员代表大会不同，经基层工会委员会或者三分之一以上的工会会员提议即可召开，无须上一级工会批准。

162 召开工会代表大会一般要做哪些准备工作?

召开工会代表大会前，主要应做好以下几项工作：(1) 写出召开会员代表大会或会员大会的请示，报经同级党组织和上级工会批准。(2) 组织选举会员代表。会员代表大会的代表，基层工会一般应以工会小组为单位，由会员直接选举产生。基层以上工会，由基层工会或基层以上工会的代表大会或代表会议选举产生。(3) 成立代表资格审查委员会（小组），审查代表的产生是否符合《中国工会章程》有关条款的规定，代表是否符合条件，并写出书面报告。(4) 酝酿工会委员会、经费审查委员会候选人和出席上一级工会代表大会代表候选人的预备名单，以及大会主席团成员和秘书长建议名单。(5) 拟写工会委员会的工作报告、工会委员会的财务报告、经费审查委员会的工作报告和大会决议草案，以及大会表决办法、选举办法等文件。(6) 认真做好各项会务组织工作。主要包括：大会议程和日程安排、证件制作、文件印刷、选票准备、会场布置等。(7) 召开会员代表大会或会员大会的预备会议。

163 工会代表大会秘书处的主要任务是什么?

召开工会代表大会时，可在原筹备机构的基础上设立大会秘书处。秘书处下设若干工作机构，承担大会的工作。大会秘书处一般设有秘书组、组织组、宣传组、会务组、生活保卫组等。秘书处的工作主要由秘书长负责组织、指导和协调。

（1）秘书组的主要任务是负责大会记录，收集和整理代表讨论情况及意见、要求，修改工作报告及决议等大会文件，编写会议简报，负责起草领导讲话、上报文件、大会总结报告，整理大会文件的归档事宜，等等。

（2）组织组在大会期间的主要任务是认真听取和收集代表对工会委员会委员和经费审查委员会委员候选人的意见，起草选举办法；组织好大会的预选和正式选举工作；组织好第一次全体委员会议和第一次经费审查委员会议的选举工作；等等。

（3）宣传组的主要任务是负责会前的宣传教育、大会的新闻报道工作及文娱活动等。

（4）会务组的主要任务是按照大会日程安排组织大会的具体实施；负责设计和布置会场，管理扩音设备，做好代表的签到、统计和大会的有关通知工作；分发大会文件和资料；安排主席团的座位次序；处理会议期间的有关事项；等等。

（5）生活保卫组的主要任务是编制会议预决算，安排代表食宿、保健医疗及交通工具，负责大会会场和代表驻地的安全保卫工作，等等。

164 工会代表大会的代表资格审查工作的主要内容是什么?

各级工会代表大会的代表资格审查工作，应由召集代表大会的同级工会委员会负责。代表资格审查工作的主要内容包括：（1）代表名额和比例是否符合规定要求。（2）代表产生办法是否符合工会章程规定的民主程序。（3）代表是否符合规定的代表条件，然后在此基础上写出代表资格审查报告。

165 工会代表大会的代表资格审查中发现不符合代表资格如何处理?

在代表资格审查中，如发现代表的产生不合乎规定的手续，或个别代表不符合代表资格的，可建议原选举单位重新进行选举或撤销个别代表人选。凡要撤销代表资格的，必须由原选举单位的工会委员会全体会议决定，并报召集代表大会的工会委员会备案。撤销代表资格后，所缺代表名额由原选举单位补选，补选时间来不及的，也可以不补选。

166 工会代表大会的代表资格审查委员会如何作代表资格审查报告?

代表资格审查委员会应向代表大会主席团提出代表资格审

查报告，并由大会主席团确认这次代表大会的合法代表人数，再在预备会上宣读大会主席团讨论通过的代表资格审查报告。

167 工会委员会和经费审查委员会的委员候选人的资格有什么要求?

工会委员会和经费审查委员会的委员候选人，一般应是工会代表大会的代表，但也不只限于代表。凡该级工会组织所辖范围内的有选举权和被选举权的工会会员，都可以被推荐为候选人。

168 会员代表大会或会员大会预备会议的任务和议程是什么?

会员代表大会或会员大会正式举行前，一般应由本届工会委员会主要负责人主持召开由全体会员代表或会员参加的预备会议。预备会议的主要任务和议程包括：（1）由本届工会委员会（新建立工会的由大会筹备组）作大会筹备工作报告。（2）代表资格审查委员会作关于代表资格的审查报告。（3）通过大会表决办法。（4）通过大会主席团、秘书长名单（限于代表大会）。（5）通过大会的议程。（6）通过有关确认的事项。

169 会员代表大会或会员大会开幕式的主要议程是什么?

会员代表大会或会员大会开幕式的主要议程包括:(1)宣布大会开幕。(2)全体起立，奏国歌。(3)致开幕词。(4)领导和来宾致祝词。(5)作工会工作报告、工会财务工作报告(可书面)、经费审查委员会工作报告(可书面)。

170 会员代表大会或会员大会如何形成大会决议?

会员代表大会或会员大会决议的形成，大致经过以下几个步骤:(1)准备决议草案。大会前，在广泛听取会员群众的要求和向同级党委请示汇报的基础上，由工会委员会讨论研究，提出意见和方案草拟大会决议。(2)讨论修改决议草案。在大会召开期间，召集会员代表充分讨论，集中正确的意见，修改决议草案。(3)表决通过决议。表决通过决议时，出席人数必须超过全体会员代表的半数，方能表决;赞成票超过应到人数的半数，方能通过大会决议。

171 会员代表大会或会员大会闭幕式的议程是什么?

会员代表大会或会员大会闭幕式的议程一般为：（1）通过工会工作报告决议。（2）通过工会财务工作报告决议。（3）通过经费审查委员会工作报告决议。（4）通过其他重大问题的决议。（5）领导讲话。（6）致闭幕词。（7）宣布大会结束，奏国际歌。

172 制定工会选举办法的要求和主要内容是什么?

工会选举办法是对工会选举工作中若干问题的操作性规定，是所有选举人、被选举人以及相关组织和人员涉及选举问题时必须共同遵守的行为规则，是《工会法》《中国工会章程》及全国总工会有关文件规定的具体遵循和实际运用。

工会的各项选举直接关乎工会的组织建设和会员权益，政策性强，影响面大，是否公正、公平、公开，事关工会组织的团结统一和会员人心向背，是工会组织工作的重中之重。制定选举办法的目的就是要使选举工作具有共同遵循的政策法律依据，明确统一的工作程序和行为规则，约定一致的处置标准和解决办法，保证选举工作合法、规范、顺利。

工会选举时，特别是换届选举时，一般应起草并通过三种选举办法：（1）代表大会选举工会委员会和经费审查委员会的选举办法。（2）工会委员会第一次全体会议选举常委、主席、副主席的选举办法。（3）工会经费审查委员会第一次全体会议选举经审主任、副主任的选举办法。

工会主席和分工会主席可采取直选方式，也可采取间接选举方法进行选举，即先选举产生工会委员会，再由工会委员会选举产生主席。工会小组长一般采用直接选举的方法产生，即由小组会员直接投票选举产生。根据具体情况确定是等额选举还是差额选举。

制定《选举办法》要力求合法、完备、明确、具体，主要内容应包含如下事项：（1）制定《选举办法》的依据。（2）规定选举的任务。（3）确定候选人产生的办法。（4）选举的方式（预选或直接选举）。（5）选举的办法及差额要求。（6）画写选票的要求及选举的有效性和有效票的规定。（7）确定当选的计票原则。（8）总监票人、监票人和选举工作人员的产生办法。（9）名单选举结果的宣布办法。（10）其他有关注意事项。（11）《选举办法》如何通过。（12）选举工作的组织领导。

173 如何通过工会的《选举办法（草案）》？

工会的《选举办法（草案）》应事先交代表认真讨论修改，由主席团审议通过（不设主席团的，可由本届工会委员会审议通过），然后在预备会议上或在大会正式选举前提交全体会员或代表，表决通过方可实施。

174 工会代表大会或会员大会选举的主要程序是什么?

工会代表大会或会员大会选举的主要程序:(1)会议主持人宣布参加选举的人数和选举任务。(2)表决通过《大会选举办法》。(3)表决通过正式候选人名单。(4)表决通过总监票人、监票人名单。(5)清点核实出席会议的选举人数。(6)检查票箱。(7)发放选票并报告发出选票数。(8)宣布填写选票注意事项。(9)填写选票。(10)宣布投票顺序、要求。(11)投票。(12)清点选票,并宣布选举是否有效。(13)计票。(14)宣布选举计票结果和当选人名单。

工会委员会第一次全体会议选举常委、主席、副主席;工会经费审查委员会第一次全体会议选举经费审查委员会主任、副主任的程序可参照以上程序执行。

175 工会选举的应到人数和实到人数如何确定?

工会选举的应到人数是指应该参加会议的会员、会员代表或委员的人数。具体来说:(1)选举各级工会委员会、经费审查委员会的应到人数指的是应参加会员大会或会员代表大会的全体会员或全体会员代表数。(2)选举主席、副主席和常委的应到人数指的是全体工会委员人数。(3)直接选举主席、副主席，指的是应参加会员大会或会员代表大会的全体会员或全体会员代表人数。(4）选举经费审查委员会主任、副主任的应到人数是指全体经审委员人数。

工会选举的实到人数是指实际参加会议的会员、会员代表或委员人数，而不是指所有参加会议的包括邀请人员在内的实到人数。

工会选举时，为了充分体现选举人的意愿，应尽可能通知所有应到会员、会员代表或委员参加，包括长病假、产假、长休假的会员、会员代表或委员。如有些长病假、产假、长休假的会员、会员代表或委员确有困难不能参加选举时，可通过设流动票箱来让他们行使民主权利。因此，工会选举计算应到人数时，一般不应减去其中的长病假、产假、长休假等的人数。

每个选举人都应该尊重自己的民主权利，积极参加选举，不要无故缺席。如确有特殊情况不能参加选举时，要事先请假，可作缺席处理。

176 工会代表大会总监票人和监票人的条件及其产生办法是什么?

工会代表大会总监票人、监票人必须是大会的正式代表，但候选人不得担任。总监票人和监票人应能秉公办事、熟悉选举工作。监票人由各代表组推选，总监票人由大会主席从监票人中提名。总监票人和监票人经大会主席团审议同意后，提交大会举手表决通过。总监票人、监票人在大会主席团领导下，对选举的全过程进行监督。

177 工会代表大会总监票人、监票人的职责是什么?

工会代表大会总监票人的主要职责是：（1）按照《选举办法》负责领导监票人监督选举全过程。（2）负责向代表说明填写选票的注意事项。（3）对领票、发票、投票、点票负责监督。负责剩余选票的处理和宣布发出选票数及收回选票数的统计结果。（4）负责监督计票并鉴别和解决选票中的问题，审查并宣布选举计票结果，签字后报执行主席宣布当选人名单。

监票人的主要职责是：在总监票人的领导下，按照各自分工负责监督本选区的领票、发票、投票、点票和计票等工作。

178 工会代表大会计票工作人员的确定及其职责是什么?

工会代表大会计票工作人员一般由大会秘书处指定。计票工作人员在监票人监督下进行工作。其职责是：（1）负责清点核实人数。（2）严格按照大会选举办法和填票说明的要求，对选票进行清点和计算。（3）准确无误地进行计票。（4）计票结束后，写出计票结果报告总监票人。

179 选举大会工作人员和监票人员可否合二为一？

通常情况下，选举大会工作人员是在大会筹备组的安排下开展一些指定的服务工作，在正式选举工作中，主要负责发票、开箱清点选票、唱票、计票等工作。而监票人员是由大会主席团提名经大会表决通过的正式代表人员组成，主要是负责对选举工作进行全过程的监督，严格来说，两者是不能合二为一的。在一些单位会员人数较少的情况下，经大会全体正式代表同意，两者可以合二为一，但这类人员必须既是大会工作人员又是监票人员，还必须是大会的正式代表。

180 选举中得票超过半数的候选人少于应选名额时如何处理？

在选举中，如果得票超过半数的候选人少于应选名额时，不足数可在没有当选的候选人中再行选举；如接近应选名额时，也可经大会主席团或基层工会委员会研究后，提出减少委员名额的意见，并提请大会表决通过。

181 差额选举时候选人得票数相同如何确定当选人？

差额选举时，最后几名候选人得票数相同而不能确定当选人时，可对这几名候选人重新投票选举，以获得同意票多者当选。因重新投票是对已获得超过半数同意候选人进行选择，故当选人在重新投票中所得的同意票只要求相对的多数，而不一定要过半数。

182 选举中非候选人得票超过半数是否能当选？

在实践中，会员中的非候选人，在正常选举中得同意票超过半数，按得票多少顺序排列，在应选名额之内则可以当选。这是充分体现选举人的意志、切实保障会员民主权利的重要原则，任何组织和个人都不得违反这一原则。

183 选举计票结果如何宣布？

选举计票结果一般应由总监票人宣布。宣布时一般按选票候选人排列顺序宣布，也可以按候选人得票多少为序排列；候选人以外的另选人计票结果，也应按得票多少的顺序排列；得票相等的按姓氏笔画为序排列。

184 有效选举当选结果如何确定和宣布?

各级工会选举时，被选举人获得应到会人数的过半数同意票时，方能当选。得票数少于或正好是半数的不能当选。

选举当选结果一般应由大会执行主席（或大会主持人）根据选举计票结果和选举办法的有关规定来宣布，宣布时，除主席、经审会主任外，其他人选按当选人姓氏笔画为序。

185 工会主席、副主席能否按选委员时的得票数确定当选?

委员候选人选举时得票较多，反映了职工群众对他们的信任程度较高，而工会主席、副主席应该按有关规定选举产生。所以工会主席、副主席不能按选委员时得票多少来确定。当然，在酝酿工会主席、副主席候选人名单时，应该充分考虑到职工群众的信任程度，广泛听取职工群众的意见。

186 选举工作应特别注意哪些问题?

为了保证选举工作的顺利进行，在选举过程中应特别注意以下八个问题：（1）要保证出席率。（2）选举工作人员一定要认真清点人数，确保无误。（3）为了使选举人全面了解候选人情况，更好地选择自己信赖的人，可采用书面或口头的方式向选举人简介候选人情况（内容应包括姓名、性别、出生年月、籍贯、参加工作时间、政治面貌、文化程度、专业职称、工作单位及职务、个人简历及奖惩情况等）。（4）选举工作人员要认真清点选票，使领到的选票数与应到选举人数相符，发出选票数与实到人数相符，未发出的选票数与缺席人数相符，收回的选票要等于或少于发出的选票数。（5）填写选票时，应按照要求认真填写，字迹要清楚，符号要准确。（6）计票人员要认真负责，严肃细致，在监票人的指导和监督下，准确、迅速地做好计票工作。（7）除监票、计票和负责选举工作的人员外，任何人不得进入计票工作地点。（8）要保管好有关的选举资料。

187 工会换届选举是否可以电子投票方式进行?

根据《中国工会章程》有关规定，工会选举采用无记名投票方式，一般采用纸质版投票，保证大家的直观感觉，并易实现对投票的可查询可追溯。

188 工会委员会第一次全体会议何时召开？主要内容是什么？

工会委员会第一次全体会议，在大会选举产生该届工会委员会后即可召开，不需要等到上级工会对该届工会委员会批复同意后再召开。工会委员会第一次全体会议的主要内容是：选举产生主席、副主席，设常务委员会的还要选举产生常务委员。

189 工会委员会第一次全体会议如何确定主持人和会议程序？

工会委员会第一次全体会议一般可由同级党组织和上级工会在新当选的委员中协商提名一位同志，经征求主席团或全体委员意见后来主持。

工会委员会第一次全体会议的程序主要包括：（1）讨论通过《选举办法》。（2）同级党组织和上级工会在广泛听取意见协商一致后，提名推荐常委、主席、副主席候选人人选。（3）讨论通过常委、主席、副主席候选人名单。（4）通过监票人名单。（5）选举。（6）宣布选举结果。（7）新当选的工会主席讲话。（8）同级党组织和上级工会领导讲话。

190 工会经费审查委员会第一次全体会议如何确定主持人和会议程序?

工会经费审查委员会第一次全体会议一般可由同级党组织和上级工会在新当选的经审委员中协商提名一位同志，经征求主席团或全体委员的意见后来主持，或由新当选的该届工会负责人主持。其主要程序与第一次工会全委会的程序基本相同。工会经费审查委员会主任、副主任候选人人选一般可在广泛征求意见的基础上，由同级党组织和上级工会协商同意后，委托新一届工会负责人提名。

191 地方工会大会代表资格审查委员会的组成及其职责是什么?

根据全国总工会印发的《关于地方工会召开代表大会及组成工会委员会、经费审查委员会的若干规定》的有关规定，地方工会大会代表资格审查委员会的组成和职责具体规定如下：

（1）地方工会代表大会，应成立代表资格审查委员会，负责代表资格审查工作。

（2）代表资格审查委员会应由地方总工会分管组织人事工作的负责人及其组织人事部门负责人，地方总工会所属的部分产业工会负责人，部分下级地方总工会和基层工会负责人组成。其组成名额，由地方总工会委员会确定。

（3）代表资格审查委员会设主任1人，副主任1—2人，委员若干人，其人选由地方总工会委员会提出，提交大会预备会议表决产生。

（4）代表资格审查委员会成立之前，对代表的产生程序和代表资格的初步审查工作，由大会组织处（组）或地方总工会组织部承担。

（5）代表资格审查委员会经大会预备会议表决产生后召开全体会议，审议通过代表资格审查报告。

（6）代表资格审查委员会向大会主席团提交代表资格审查报告，经大会主席团第一次全体会议审议通过，确认代表资格。

192 地方工会代表大会主席团设置及其职责是什么？

根据全国总工会印发的《关于地方工会召开代表大会及组成工会委员会、经费审查委员会的若干规定》的有关规定，地方工会代表大会主席团的组成和职责具体规定如下：

（1）大会主席团是代表大会的组织领导机构，其成员由地方总工会常务委员会与各代表团协商提出，经大会预备会议表决产生。大会主席团成员必须是本次代表大会的代表。

（2）大会主席团应由地方总工会委员会和经费审查委员会负责人，地方总工会所属产业工会负责人，地方总工会部门、直属单位负责人，各代表团（组）长，部分下级地方总工会负责人，部分基层工会负责人和工人代表，与工会工作联系密切的部分单位的负责人等组成。大会主席团中，要有一定数量的先进模范人物、少数民族、妇女、民主党派、无党派人士和群众，其成员名额由地方总工会常务委员会确定。

（3）大会主席团设常务主席若干人，一般由地方总工会委员会负责人和经费审查委员会主要负责人担任，经大会主席团第一次全体会议推选产生。

（4）大会主席团贯彻民主集中制原则，有关大会的重大问题，须经大会主席团全体会议讨论决定。

（5）大会主席团的主要职责：①按照大会预备会议通过的议程主持大会。②审议通过代表资格审查报告，确认代表资格。③组织代表讨论、审议和修改大会的有关报告。④组织代表讨论、确定新一届总工会委员会委员和经费审查委员会委员候选人建议人选。如需选举出席上一级工会代表大会的代表，还应组织讨论、确定其代表候选人建议人选。⑤主持大会选举。⑥组织代表讨论大会的决议草案，提请大会审议通过。⑦分别委托一名新当选的工会委员会委员和经费审查委员会委员主持本届委员会第一次全体会议。⑧研究决定会议期间的其他重要事项。

193 地方工会代表大会秘书长、副秘书长的设置及其职责是什么？

根据全国总工会印发的《关于地方工会召开代表大会及组

成工会委员会、经费审查委员会的若干规定》的有关规定，地方工会代表大会秘书长、副秘书长的设置及其职责具体规定如下：

（1）地方工会代表大会可设秘书长 1 人，副秘书长若干人。秘书长一般由地方总工会主要负责人担任，由地方总工会常务委员会在代表中提名，经大会预备会议表决产生；副秘书长一般由地方总工会负责人和有关方面负责人担任，由地方总工会常务委员会提名，经大会主席团第一次全体会议表决产生。

（2）秘书长是大会期间日常工作的组织者，其主要职责是在大会主席团领导下，负责处理大会事务性工作。副秘书长的主要职责是协助秘书长做好大会的相关工作。

194 地方工会选举结果如何上报和审批？

根据《工会法》《中国工会章程》及全国总工会印发的《关于地方工会召开代表大会及组成工会委员会、经费审查委员会的若干规定》的规定，进行地方工会代表大会选举产生的工会委员会和经费审查委员会，工会委员会选举产生的常务委员会和主席、副主席，经费审查委员会选举产生的常务委员会和主任，应报上一级工会审批，同时报同级党委备案。上级工会对选举结果进行批复，同时抄送主管党委。

工会委员会和经费审查委员会的选举结果，报上一级工会批准，是根据工会民主集中制原则制定的必须履行的程序，是加强工会组织领导的重要体现和保证。

工会选举结果由选举单位的工会委员会负责上报。工会会员大会或会员代表大会及工会委员会、经费审查委员会第一次全体会议选举结果的请示主要内容包括：（1）何时召开第×次工会代表大会，选举产生了第×届工会委员会和经费审查委员会及当选人名单。（2）何时召开两个委员会的第一次全体会议，选举产生第×届工会委员会常委、主席、副主席和经费审查委员会主任、副主任及当选人名单。（3）本届工会委员会和经费审查委员会的任期。（4）附上计票结果。

上级工会收到下级工会的选举结果请示后，经研究如无特殊情况，一般应在15日内及时批复。一般批复的主要内容是：先概述同意大会和工会委员会、经费审查委员会第一次全体会议的选举结果，然后分述：（1）该届工会委员会和经费审查委员会的组成情况。（2）该届工会常务委员会的组成情况，主席、副主席名单。（3）该届工会经费审查委员会的组成情况，主任、副主任名单。（4）注明该届工会委员会和经费审查委员会的任期。（5）注明主送、抄报、抄送单位及批复日期等。

195 地方工会代表大会的“届”“次”如何确定？

除了会员（代表）大会代表实行常任制的基层工会，各级工会组织召开的工会代表大会的累计排列叫“次”，即工会代表大会召开的次数。每次代表大会选举产生的委员会的一个任期叫“届”。每届委员会任期内所举行的全体委员会议的累计排列也叫“次”，即召开全委会的次数，如×届×次全体委员会议。每届委员会换届改选后，届数重新排列，即增加一届。

工会召开会员（代表）大会换届时，会议名称为“××工会第×次会员（代表）大会”，通过的决议为“××工会第×次会员（代表）大会决议”。会员（代表）大会召开时，上一届工会委员会的使命已经完成，新一届工会委员会还未选举产生，还不能称为“××工会第×届×次”。选举产生新一届工会委员会后，在届期内召开的工会委员会，其会议名称可以使用“××工会第×届委员会第×次会议”。

196 什么是届中调整？

届中调整是指工会（代表）大会闭会期间，根据工作需要和工会委员会（执行委员会）、经费审查委员会委员工作变动、空缺等情况，经过一定的民主程序，对委员进行的替补、增补、免职和罢免等。

197 各级地方总工会、产业工会委员会如何进行届中调整？

全国总工会印发的《关于中华全国总工会执行委员会委员

届中调整的若干规定》《关于中华全国总工会经费审查委员会委员届中调整的若干规定》在附则中都分别规定，“各级地方总工会、各级产业工会委员会委员的届中调整工作，可参照本规定执行”“各级地方总工会、各级产业工会经费审查委员会委员的届中调整工作，可参照本规定执行”。因此，各级地方总工会和各级产业工会可结合各自实际，参照全国总工会执委、经审委届中调整的有关规定，开展委员会委员的届中调整工作。

在地方工会代表大会闭会期间，选举工会委员会常务委员会委员、主席、副主席和经费审查委员会常务委员会委员、主任、副主任，须分别在工会委员会和经费审查委员会全体会议上进行。如果候选人人选不是本届工会委员会委员或经费审查委员会委员，应先在工会委员会全体会议上替补或增补为工会委员会委员或经费审查委员会委员，然后再进行选举。委员和主席或副主席职务同时报上一级工会审批，在全委会上选举产生的委员职务应在下一次代表大会或会员大会上予以确认。

GONG HUI GAN BU

第八部分

工会干部

198 什么是工会干部？

工会干部是对专职、兼职和挂职工会工作者的统称。专职工会干部包括各级地方和产业工会领导机关中按干部编制管理的专职工会工作者和企业、事业、机关等基层单位中按干部岗位配备的专职工会工作者。兼职工会干部通常指本职工作不在工会岗位，而又兼职从事工会工作的各级、各类工会组织和工会工作负责人，如地方工会、基层工会、工会分会、车间（科室）工会兼职主席、副主席，工会经费审查委员会、女职工委员会、基层工会工作委员会兼职的主任、副主任等，其可以是干部编制的人员，也可以是非干部编制的人员。挂职工会干部是指离开原工作岗位经组织选派到工会担任相应职位进行锻炼的干部，包括工会系统的干部，也包括工会系统以外的干部。《中国工会章程》专设“工会干部”一章，对工会干部队伍建设作了一系列明确规定。

199 为什么说工会干部队伍是党的干部队伍的重要组成部分？

群团事业是党的事业的重要组成部分，工会工作是党的群众工作的重要组成部分，是党治国理政的一项经常性、基础性工作。2015 年 7 月 6 日，习近平总书记在中央党的群团工作会议上的讲话中强调："群团干部队伍是党的干部队伍的重要组成部分，是做好党的群团工作的重要组织保证。虽然大家主要做党的群团工作，但时刻都要牢记自己是党的干部，党对大家的要求和标准是一样的，必须做到信念坚定、为民服务、勤政务实、敢于担当、清正廉洁，努力做让党放心、让人民满意的好干部。"

高素质专业化工会干部队伍是做好工会工作的关键。加强工会干部队伍建设，是完成工会工作目标任务、开创工会工作新局面的组织保证，是全面履行工会各项职能、在党和国家工作大局中发挥作用的客观需要。

200 什么是干部双重管理？

干部双重管理是指按照有关规定和干部管理权限，以一个单位为主、另一个单位协助的方式，对有关部门、单位领导班子和领导干部进行管理。如中央有关部门驻地方的企业、事业单位，及部分业务上由中央有关部门为主或协助管理、党的关系在地方的单位，在干部管理上，实行中央主管部门和地方党委共同负责的双重管理制度。干部双重管理是干部管理体制的重要组成部分，是坚持和加强党的领导特别是落实党管干部原则的一项重要制度安排。

双重管理的干部，一般由一方主管、一方协管。有的以中央主管部门管理（即"条条管理"）为主，地方党委协助管理；

有的以地方党委管理（即“块块管理”）为主，中央主管部门协助管理。

201 什么是工会干部协管制度?

工会干部协管制度是党管干部原则和干部分类管理原则有机结合的一种干部管理的重要形式，是工会协助党组织按照工会组织的性质、特点和工作要求，选拔好工会领导干部、配备好工会领导班子、建设好工会干部队伍的一项行之有效的重要制度，是加强工会领导班子和干部队伍建设的一项重要工作。

202 协管工会干部的原则和范围是什么?

协管工会干部工作，主要是由上级工会党组协助同级党委管理工会领导班子和领导干部。工会按照下管一级的原则，上级工会对下级工会领导班子和领导班子成员实行协管。全国总工会党组协助省委管理省级工会领导班子成员，省级工会党组协助市委管理市级工会领导班子成员，市级工会党组协助县委管理县级工会领导班子成员。

上级工会协管工会干部的具体范围是：下级工会领导班子及领导班子成员，领导班子成员包括工会主席、副主席和经费审查委员会主任。县以上总工会党组、有关产业工会党组织与地方党委和有关基层党组织，按照有关规定和干部管理权限，将双重管理单位的领导干部职务区别为主管、协管，分别列入管理干部职务名称表进行管理。

203 协管工会干部的主要职责是什么？

根据有关规定和工会的实际情况，上级工会协管工会干部的主要职责是：对工会领导班子的配备调整提出建议；协助做好工会领导班子思想作风建设工作；协助做好工会干部的考察、考核、政治审查和监督工作；推荐优秀干部，协助做好工会干部交流工作；指导、规划和组织工会系统干部岗位培训和各类业务培训；协助做好工会后备干部选拔培养工作等。

204 工会干部协管工作应把握的重点环节有哪些？

工会干部协管工作是一项政策性、原则性很强的工作，从工会干部协管工作的实践看，做好工会干部协管工作应当注意把握以下几个环节：

（1）严格按规定、按制度办事。各级工会要按照中央有关文件精神和《党政领导干部选拔任用工作条例》等规定，明确作为干部协管方的职责、要求和工作程序，积极主动地与主管方密切配合，坚持严格按规定和制度办事，共同做好工会干部的管理工作。

（2）制定工会干部协管制度。地方工会要积极与同级党委组织部门联系，共同研究制定工会干部管理制度的文件，对工会领导班子和领导干部的管理作出具体规定，按照干部管理权限明确主管方和协管方的职责、管理范围和相关程序等，推进工会干部协管工作的规范化、制度化。

（3）开展联合考察。工会干部协管的实践证明，主管方和协管方对干部联合考察制度，是搞好工会干部协管工作的重要环节。只有通过联合考察，协管方才能全面了解干部的德才表现，才有调整配备工会领导班子的发言权，才能对工会干部的进退留转提出正确的意见和建议，才能发挥协管方的作用，真正协管到位。

（4）要主动向党委汇报干部工作情况。各级工会要定期或适时向同级党委及其组织部门汇报工会领导班子和工会干部队伍建设情况，使党委对工会领导班子和干部队伍的情况心中有数。上级工会要了解和掌握下级工会领导班子和干部队伍状况，及时向有关党委提出加强下级工会领导班子建设的意见和建议，并推荐后备干部。通过不断完善和加强工会干部协管工作，使各级工会领导班子和干部队伍建设得到进一步加强，从而保证工会各项任务的圆满完成。

205 工会领导干部的职务名称是如何规定的?

根据《中国工会章程》的有关规定，凡按《中国工会章程》民主选举产生的各级工会委员会负责人，一律称工会主席、副主席。凡是工会的派出机构如工会工作委员会、工会办事处以及筹备委员会的负责人等，因为不是民主选举产生的，一般称为工会主任、副主任，不称工会主席、副主席。

各级工会经费审查委员会的负责人称为经费审查委员会主任、副主任。

206 选举产生的工会干部何时开始履职?

根据《中国工会章程》有关规定，经过工会民主选举产生的工会委员会委员和工会主席、副主席、常委及经审会主任、副主任，在上级工会未批复前可以履行职责，但须经上级工会批复同意后，方可公布他们的职务。

207 民主选举产生的工会干部是否实行试用期?

根据中共中央印发的《党政领导干部选拔任用工作条例》

和《中国工会章程》的有关规定，民主选举产生的工会干部没有试用期，其任职时间自当选之日起计算。

根据《党政领导干部选拔任用工作条例》第四十三条的规定，提拔担任非选举产生的厅局级以下领导职务的，试用期为一年。试用期满后，经考核胜任现职的，正式任职；不胜任的，免去试任职务，一般按照试任前职级或者职务层次安排工作。

208 什么是全国工会系统先进集体和先进工作者评选表彰？

全国工会系统先进集体和先进工作者评选表彰，是由人力资源和社会保障部、全国总工会联合开展的，旨在表彰先进，弘扬正气，以榜样的力量引领广大工会系统干部职工统一思想、坚定信念，振奋精神、锐意进取，团结带领广大职工，为建设中国特色社会主义事业贡献力量。全国工会系统先进集体和先进工作者每 5 年评选表彰一次，一般于每次工会全国代表大会召开当年的“五一”国际劳动节前夕进行评选表彰。

自 2005 年原人事部与全国总工会首次联合表彰以来，至今已经开展了四次评选表彰。被授予“全国工会系统先进工作者”称号的先进个人，享受省部级劳动模范和先进工作者待遇。第一次是 2005 年，表彰了先进集体 32 个、先进工作者 100 人；第二次是 2008 年，表彰了先进集体 32 个、先进工作者 95 人；第三次是 2013 年，表彰了先进集体 32 个、先进工作者 100 人；第四次是 2018 年，表彰了先进集体 32 个、先进工作者 67 人。

209 如何理解各级工会组织要成为培养干部的重要基地？

2013 年，中国工会十六大修订的《中国工会章程》增加一项重要内容，即“各级工会组织根据有关规定管理工会干部，重视培养和选拔青年干部、妇女干部、少数民族干部，成为培养干部的重要基地”。工会组织成为培养干部的重要基地，这也是 1989 年印发的《中共中央关于加强和改善党对工会、共青团、妇联工作领导的通知》中同时赋予“工青妇”的一项政治责任和权利，其中明确指出：“工会、共青团、妇联应当成为培养和输送干部的重要基地，特别要注意输送优秀的年轻干部和女干部。”《中共中央关于加强和改进党的群团工作的意见》明确指出：“推进群团干部跨系统多岗位交流，加强群团组织与党政部门之间干部双向交流，把群团工作岗位作为提高干部做群众工作能力的重要平台。”

210 如何充分发挥地方工会劳模和一线职工兼职副主席的作用？

为深入推进工会改革创新，进一步做好地方工会劳模和一线职工兼职副主席工作，充分发挥地方工会劳模和一线职工兼职副主席作用，2018 年 4 月，全国总工会专门印发了《中华全国总工会关于充分发挥地方工会劳模和一线职工兼职副主席作用的意见》（以下简称《意见》），强调要重视发挥地方工会劳模和一线职工兼职副主席的积极作用，明确了地方工会劳模和一线职工兼职副主席的人选范围和工作职责，以及地方工会劳模和一线职工兼职副主席发挥作用的制度等。

《意见》规定，地方工会劳模和一线职工兼职副主席人选范围，应为中国工会会员，主要从产业工人、农民工等一线职工中的劳动模范、先进人物中产生。要坚持从工会组织性质和特点出发，根据工会工作需要和领导班子建设实际，突出政治标准，注重能力素质，充分考虑广泛性、代表性、专业性等因素，按照干部双重管理的有关规定，进行推荐、考察和审批。人选一般不在工会组织中重复兼职。

《意见》还规定，地方工会劳模和一线职工兼职副主席在兼职期间，应按照工会领导班子分工履行职责，重点做好以下工作：（1）积极宣传贯彻党的基本理论、基本路线、基本方略和党中央的重大决策部署，党的工运理论、工会重点工作安排和与职工群众利益密切相关的法律法规和政策制度。（2）带头践行党的群众路线，密切联系职工群众，听取意见建议，充分反映职工群众的意愿和利益诉求。（3）做好组织、宣传、教育、引导职工群众工作，服务职工群众，维护职工群众合法权益。（4）按照工会有关工作规定行使职权、履行义务。（5）积极参与工会重大事项和重大问题的研究，充分发表意见，认真执行工会各项决议决定，及时报告工作落实情况。（6）充分发挥联结工会与职工群众的独特优势，参与和指导所在单位和系统的工会工作。

211 关于基层工会干部任期的法律规定有哪些？

基层工会干部的任期，指基层工会专职主席、副主席或者委员，非专职主席、副主席或者委员担任职务的期限。企业工会主席等基层专职工会干部也是职工的一员，按照《劳动法》的规定，应当与用人单位签订劳动合同，形成劳动合同关系。一般的劳动者与用人单位的劳动合同，按照《劳动法》第二十三条的规定，劳动合同期满，劳动合同即行终止。

对企业工会干部的劳动合同期限，《工会法》第十九条规定："基层工会专职主席、副主席或者委员自任职之日起，其劳动合同期限自动延长，延长期限相当于其任职期间；非专职主席、副主席或者委员自任职之日起，其尚未履行的劳动合同期限短于任期的，劳动合同期限自动延长至任期期满。但是，任职期间个人严重过失或者达到法定退休年龄的除外。"这一规定具体有以下几层含义：一是基层工会专职主席、副主席或者委员自任职之日起，其劳动合同按法律规定自动延长，这属于法律赋予的效力，必须执行，而且延长期限相当于其任职期间。二是对于非专职主席、副主席或者委员来讲，自其任职之日起，其尚未履行的劳动合同期限短于任期的，劳动合同期限自动延长至任期期满。当然，如果劳动合同期限长于任期的，则不存在这方面的问题，劳动合同期限依然按照合同执行。三是上述规定以外的两种特殊情况：①工会干部任职期间个人严重过失，也就是工作上出现严重过错，这种过错往往会导致劳动合同的解除。如严重违反劳动纪律或者用人单位依法制定的规章制度的；严重失职、营私舞弊，对用人单位利益造成重大损害的；被依法追究刑事责任的。②工会干部达到法定退休年龄。如果工会干部达到法定退休年龄，劳动合同期限的延长规定就不再发生效力。

212 关于基层工会干部任职的法律保障有哪些规定?

关于基层工会干部的任职，《工会法》作出了明确具体的规定，从法律上为工会主席、副主席完成任期内的工作任务提供了有力的法律保障。

（1）不得随意调动工会干部的工作岗位。针对有的工会主席、副主席被随意调动，而事先也不征求该工会组织及其上级工会组织同意的情况，《工会法》严格规定了调整工会主席工作岗位的权限，《工会法》第十八条第一款规定："工会主席、副主席任期未满时，不得随意调动其工作。因工作需要调动时，应当征得本级工会委员会和上一级工会的同意。"

（2）不得随意罢免工会干部。《工会法》第十八条第二款规定："罢免工会主席、副主席必须召开会员大会或者会员代表大会讨论，非经会员大会全体会员或者会员代表大会全体代表过半数通过，不得罢免。"因此，实践中有的单位出于种种原因，不经过民主程序任意撤换工会主席的做法是违反法律规定的。

213 关于基层工会干部的待遇法律是如何规定的?

关于基层工会干部的待遇，《工会法》作了明确的规定。具体分为以下两种类型。

（1）关于专职基层工会干部待遇的法律规定。《工会法》第四十二条规定：“用人单位工会委员会的专职工作人员的工资、奖励、补贴，由所在单位支付。社会保险和其他福利待遇等，享受本单位职工同等待遇。”这一规定明确了工会基层专职工作人员工资的开支渠道，也明确了工会专职工作人员社会保险和其他福利待遇相应的开支渠道及支付标准。

（2）关于兼职工会干部待遇的法律规定。兼职工会干部，一般利用业余时间开展工会工作。《工会法》第四十一条第二款规定：“基层工会的非专职委员占用生产或者工作时间参加会议或者从事工会工作，每月不超过三个工作日，其工资照发，其他待遇不受影响。”该规定较好地解决了基层兼职工会干部占用生产时间从事工会活动的问题，既为兼职工会干部占用生产、工作时间从事工会工作作出合理规定，也保证了兼职工会干部的工资和福利待遇不会因占用法定生产时间而受影响。

214 侵犯工会干部合法权益应承担哪些法律责任?

《工会法》第五十二条规定:“违反本法规定,对依法履行职责的工会工作人员无正当理由调动工作岗位,进行打击报复的,由劳动行政部门责令改正、恢复原工作;造成损失的,给予赔偿。对依法履行职责的工会工作人员进行侮辱、诽谤或者进行人身伤害,构成犯罪的,依法追究刑事责任;尚未构成犯罪的,由公安机关依照治安管理处罚法的规定处罚。”

《工会法》第五十三条规定,职工因参加工会活动而被解除劳动合同的,工会工作人员因履行本法规定的职责而被解除劳动合同的,由劳动行政部门责令恢复其工作,并补发被解除劳动合同期间应得的报酬,或者责令给予本人年收入二倍的赔偿。

《工会法》的这些规定,将工会干部的保护范围扩大到了“工会工作人员”。这里的“工会工作人员”是指:专、兼职的工会主席、副主席,工会委员会(常务委员会)委员,工会组织员,专职工会干部,筹建工会的负责人,经费审查委员会委员,女职工委员会委员,参加集体协商的职工代表,工会的劳动法律监督员,劳动保护监督员,劳动争议调解员,等等。

215 工会干部教育培训实行什么样的管理体制?

《中国工会章程》第三十四条规定:“各级工会组织建立与健全干部培训制度。办好工会干部院校和各种培训班。”全国工会干部教育培训工作,实行在中华全国总工会领导下,全国总工会和各级地方工会、有关全国产业工会分级管理的体制。全国总工会组织部作为工会干部教育培训主管部门,履行全国工会干部教育培训工作的统筹规划、宏观指导、协调服务、督促检查、制度规范职能。各级工会组织部门分别在同级工会领导下,负责本地区、本产业、本单位工会干部教育培训的规划、部署和落实。

216 关于干部教育培训主要有哪些文件规定?

关于干部教育培训的文件主要有:2015 年 10 月中共中央印发的《干部教育培训工作条例》,由中央组织部负责解释;2008 年 6 月由中共中央组织部、人力资源和社会保障部制定,并于 2019 年 10 月由中共中央组织部修订的《公务员培训规定》;2013 年 2 月中共中央组织部印发的《关于在干部教育培训中进一步加强学员管理的规定》;2014 年中央党的群众路线教育实践活动领导小组、中共中央组织部、教育部印发的《关于严格规范领导干部参加社会化培训有关事项的通知》；2016 年财政部、中共中央组织部、国家公务员局联合印发的《中央和国家机关培训费管理办法》；2014 年全国总工会印发的《关于进一步加强工会干部教育培训工作的意见》；等等。

217 干部教育培训应当遵循的原则是什么？

根据 2015 年 10 月中共中央印发的《干部教育培训工作条例》的规定，干部教育培训工作应当遵循下列原则：

（1）服务大局，按需施教。始终坚持社会主义办学方向，紧紧围绕党和国家事业发展需要，结合干部岗位职责和健康成长需求，开展教育培训，全面提高质量和效益。

（2）以德为先，注重能力。贯彻干部队伍革命化、年轻化、知识化、专业化方针，坚持德才兼备、以德为先，突出理想信念教育和党性党规党纪教育，将能力培养贯穿始终，全面提高干部德才素质和履职能力。

（3）分类分级，全员培训。按照干部管理权限组织实施教育培训，把教育培训的普遍性要求与不同类别、不同层次、不同岗位干部的特殊需要结合起来，增强针对性，确保全覆盖。

（4）联系实际，学以致用。大力弘扬马克思主义学风，围绕中心工作，以问题为导向开展教育培训，引导干部在改造主观世界的同时，运用所学理论和知识指导实践、推动工作。

（5）与时俱进，改革创新。适应形势任务发展变化，遵循干部成长规律和干部教育培训规律，坚持开放办学，完善培训内容，改进培训方式，整合培训资源，优化培训队伍，不断推进干部教育培训理论创新、实践创新、制度创新。

（6）依法治教，从严管理。建立健全干部教育培训法规制度，依法依规开展干部教育培训，从严治校、从严治教、从严治学，保持良好的教学秩序和学习风气。

218 关于干部培训学时有哪些具体规定？

根据《干部教育培训工作条例》第十五条规定，省部级、厅局级、县处级党政领导干部应当每 5 年参加党校、行政学院、干部学院，以及干部教育培训管理部门认可的其他培训机构累计 3 个月或者 550 学时以上的培训。提拔担任领导职务的，确因特殊情况在提任前未达到教育培训要求的，应当在提任后 1 年内完成培训。干部教育培训管理部门应当作出规划，统筹安排。其他干部参加教育培训的时间，根据有关规定和工作需要确定，每年累计不少于 12 天或者 90 学时。

219 干部参加组织选派的脱产教育培训期间的待遇和要求是什么？

根据《干部教育培训工作条例》第十七条的规定，干部在参加组织选派的脱产教育培训期间，一般应当享受在岗同等待遇，一般不承担所在单位的日常工作、出国（境）考察等任务。因特殊情况确需请假的，必须严格履行手续。

根据2013年2月19日中共中央组织部印发的《关于在干部教育培训中进一步加强学员管理的规定》规定："学员参加学习期间不再承担所在单位的工作、会议、出国（境）考察等任务。如因特殊情况确需请假的，必须严格履行请假手续。累计请假时间超过总学时1/7的，按退学处理。未经批准擅自离校的，责令退学。""学员必须自己动手撰写发言材料、学习体会、调研报告和论文等，不准请人代写，不准抄袭他人学习研究成果，不准秘书等工作人员'陪读'。对违反规定的学员，视情节轻重予以取消成绩、通报批评或责令退学。""学员学习培训期间，不得留公车驻校，不得借用其他单位和个人的车辆'伴读'。对违反规定的学员，予以通报批评。"

220 干部教育培训的方式方法有哪些？

根据《干部教育培训工作条例》的规定，干部教育培训以脱产培训、党委（党组）中心组学习、网络培训、在职自学等方式进行。脱产培训以组织调训为主。干部教育培训管理部门负责制定干部调训计划，选调干部参加脱产培训，对重要岗位的干部可以实行点名调训。干部所在单位按照计划完成调训任务。干部必须服从组织调训。干部教育培训应当根据内容要求和干部特点，综合运用讲授式、研讨式、案例式、模拟式、体验式等教学方法，实现教学相长、学学相长。

221 干部教育培训的考核和激励机制有哪些？

根据《干部教育培训工作条例》的规定，干部接受教育培训情况应当作为干部考核的内容和任职、晋升的重要依据。干部教育培训考核应当区分不同教育培训方式分别实施。脱产培训的考核，由主办单位和干部教育培训机构实施；网络培训和境外培训的考核，由主办单位和干部所在单位实施。组织（人事）部门在干部年度考核、任用考察时，应当将干部接受教育培训情况作为一项重要内容。干部参加脱产培训情况应当记入干部年度考核表，参加 2 个月以上的脱产培训情况应当记入干部任免审批表。

222 关于干部教育培训机构、项目及课程评估制度有哪些规定？

根据《干部教育培训工作条例》的规定，要建立健全干部教育培训评估制度，加强对干部教育培训机构、项目及课程的评估。干部教育培训管理部门负责对干部教育培训机构进行评估，也可以委托干部教育培训管理部门认可的机构进行评估。干部教育培训机构评估的内容包括办学方针、培训质量、师资队伍、组织管理、学风建设、基础设施、经费管理等。干部教育培训管理部门应当充分运用评估结果，指导干部教育培训机构改进工作。干部教育培训项目评估由项目委托方组织实施。项目评估的内容包括培训设计、培训实施、培训管理、培训效果等。评估结果应当作为评价教育培训机构办学质量的重要标准，作为确定教育培训机构承担培训任务的重要依据。干部教育培训课程评估由教育培训机构组织实施。课程评估的内容包括教学态度、教学内容、教学方法、教学效果等。教育培训机构应当将评估结果作为指导教学部门和教师改进教学的重要依据。

223 关于领导干部参加社会化培训有哪些严格规定？

2014 年 7 月 31 日，中央党的群众路线教育实践活动领导小组、中组部、教育部联合印发了《关于严格规范领导干部参加社会化培训有关事项的通知》，对领导干部参加社会化培训有关事项进行了严格规范。主要内容如下：

（1）严禁领导干部参加高收费的培训项目和各类名为学习提高、实为交友联谊的培训项目。已经参加的要立即退出。

（2）严禁各级各类干部教育培训机构和各高等学校举办允许领导干部参加的高收费培训项目，或委托其他社会机构举办各类领导干部培训班。

（3）领导干部个人参加其他面向社会举办的教育培训项目，

包括各种非学历教育、学历教育和在职学位教育等教育培训，必须按照干部管理权限向组织人事部门报告，并说明培训项目的举办机构、项目名称、学习期限和费用等。未经批准不得擅自参加。

（4）领导干部个人参加其他非高收费的社会化培训，费用一律由本人承担，不得由财政经费和单位经费报销，不得接受任何机构或他人的资助或变相资助。

（5）各级领导干部和各高等学校、各类干部教育培训机构要严格执行上述规定，违反规定的，要追究单位负责人和相关人员的责任，并依照有关规定给予党纪政纪处分。

（6）各级组织人事部门要加强对领导干部参加社会化培训的监督管理，切实维护干部培训的良好秩序。

JI GOU BIAN ZHI

第九部分

机构编制

224 我国机构编制工作实行什么样的管理体制?

机构编制工作是党的一项重要工作，在加强党和国家机构职能体系建设、深化机构改革、优化党的执政资源配置方面发挥着至关重要的作用，对完善和发展中国特色社会主义制度、推进国家治理体系和治理能力现代化具有重大意义。

机构编制管理体制是指关于机构编制管理权限划分、组织机构设置及管理方式和方法的制度。根据 2019 年 8 月中共中央印发的《中国共产党机构编制工作条例》的规定，党中央集中统一领导全国机构编制工作。党中央设立中央机构编制委员会，作为党中央决策议事协调机构，在中央政治局及其常委会领导下开展工作，负责党和国家机构职能体系建设的顶层设计、总体布局、统筹协调、整体推进、督促落实。各地区各部门党委（党组）必须服从党中央对机构编制工作的集中统一领导，根据规定的职责权限，负责本地区本部门的机构编制工作。乡镇、街道的机构编制事项由上一级机构编制委员会管理。

225 机构编制工作有哪些基本原则?

《中国共产党机构编制工作条例》确定了机构编制工作必须遵循以下原则：

（1）坚持党管机构编制。坚持党对机构编制工作的集中统一领导，坚决维护习近平总书记党中央的核心、全党的核心地位，坚决维护党中央权威和集中统一领导，把加强党的领导贯彻到机构编制工作的各方面和全过程，完善保证党的全面领导，始终总揽全局、协调各方的制度安排，有效实施党中央方针政策。

（2）坚持优化协同高效。适应新时代新形势新要求，力求科学合理、权责一致，科学审慎设置党和国家机构，统筹谋划好党和国家机构职能体系建设；力求有统有分、有主有次，理顺党的领导体系和政府治理体系、武装力量体系、群团工作体系之间的领导指挥关系，明确其他各个体系的职责定位，完善党和国家机构布局；力求履职到位、流程通畅，统筹干部和机构编制资源，提高各类组织机构贯彻落实党的决策部署的效率，构建运行顺畅、充满活力、令行禁止的工作体系。

（3）坚持机构编制刚性约束。贯彻编制就是法制的要求，机构编制一经确定必须严格执行，录（聘）用人员、配备干部、核拨人员经费等应当以机构编制为基本依据。用法治思维和法治方式维护机构编制的权威性和严肃性，切实把机构编制工作纳入法治化轨道。加快完善机构编制党内法规和国家法律法规并有效实施，依据国家法律法规有关规定履行法定程序。

（4）坚持机构编制瘦身与健身相结合。适应经济社会发展变化和财政保障能力，管好管住用活机构编制，严控总量、统筹使用，科学增减，不断提升机构编制资源使用效益。妥善处理严控机构编制与满足发展需要之间的关系，围绕中心、服务大局，保障党和国家事业发展，更好满足人民日益增长的美好生活需要。

226 现行的机构编制相关法律法规主要包括哪些？

《中国共产党机构编制工作条例》是第一部全方位系统规范党领导机构编制工作的专门法规，是党领导新时代机构编制工作的“基本法”。《中国共产党机构编制工作条例》印发实施前，机构编制党内法规主要有三类：一是有关机构编制工作的中央党内法规，如《中国共产党工作机关条例（试行）》对党委系统机构编制管理的有关内容作了专门规定；二是有关机构编制工作的部委党内法规和地方党内法规，如《机构编制监督检查工作暂行规定》《口岸检查检验机构设置和编制管理办法》；三是“三定”规定类党内法规，有党内法规制定权的党委或部门印发的有关部门或部门内设机构的职责配置、内设机构和人员编制的规定。

国家法律法规方面，现行机构编制专项法规有《国务院行政机构设置和编制管理条例》《地方各级人民政府机构设置和编制管理条例》《事业单位登记管理暂行条例》这 3 部行政法规。其他一些机构编制原则性规定散布在《宪法》《国务院组织法》《地方各级人民代表大会和地方人民政府组织法》《人民法院组织法》等法律法规中，主要是对各层级政府机关及事业单位的机构编制管理作出规范。

227 “三定”的含义是什么?

人们通常说的“三定”，是“定职能、定机构、定编制”的简称。是对机关和事业单位主要职责、内设机构和人员编制所作的规定，是具有法律效力的规范性文件，是部门履行职责的重要依据。

目前，“三定”规定主要包括以下六部分内容：一是职责调整，即明确部门取消、划出移交、划入和增加以及加强的职责。二是主要职责，即部门的主要职能和相应承担的责任。三是内设机构，即确定部门内设机构的设置和具体职责。四是人员编制，即核定部门的行政机关编制数、部门和内设机构的领导职数。五是其他事项，即明确有关部门的职责分工、部门派出机构和直属事业单位的机构编制事宜等。六是附则，即明确“三定”规定的解释和调整事宜。

228 什么是机构编制实名制?

机构编制实名制指由机构编制部门核定编制并进行控编审核，实行编制到人，确保具体机构设置与按规定审批的机构相一致，实行人员和实有领导与批准的编制和领导职数相一致的管理制度。

机构编制实名制管理要求各级机构编制、组织、人力资源和社会保障、财政等部门要密切配合、各负其责，建立健全相互协调、相互配合、相互制约的常态工作机制，形成工作合力，共同推动实现编制数、实有人员数、财政供养数相对应的实名制目标。

229 什么是内设机构?

内设机构指一个部门内部设立的组织机构，是“三定”规定的主要内容之一，内设机构一般不能单独以自身的名义对外行使职权，只能通过所从属的机构的名义来行使所承担的部分职权。内设机构名称必须冠以所从属的机构名称。也有一些内设机构具有半独立性，可以按照法律法规的相关规定在某些方面独立行使职权。

在我国政府系统的行政机构中，内设机构是指县级以上各级人民政府行政机构为履行职责的需要，在职能分解基础上设立的内部机构。内设机构的层次一般不超过两层，名称应当规范、明确，并与该机构的类型和职责相称。内设机构的设立、撤销、合并或者变更规格、名称等，一般由该行政机构提出，报同级人民政府机构编制管理机关审批、备案。

230 机关或机关内设机构加挂××牌子的含义是什么?

机关或机关内设机构加挂××牌子，表明加挂的××也是一个机构，只是没有专门的编制和领导职数，领导班子只按一套配备。工作中既可以独立使用××名称，也可以独立使用××印章。加挂机构一般与原机构是平级关系，而不是包含与被包含的关系。

231 什么是合署办公?

合署办公是指工作性质相近或联系紧密，在同一处所合并办公的两个机构。一般指党委机构和政府机构合署办公。合署办公的基本特征：一是实质是两个机构，分别刻制印章，可以以共同或各自的名义对外开展工作。二是在党政机构序列中保留各自的名称，机构实体、人员编制及党政领导关系一般列入党委机构，不计入政府机构限额。三是可分别核定领导职数、配备领导班子。四是内设一套办公厅（室）、机关党务、干部人事、行政后勤机构。

232 编制的含义是什么?

广义的编制是指各种机构设置及其人员数量的定额、结构和领导职数配置。狭义的编制也称“人员编制”，是指机构编制管理机关核定的机关、事业单位的人员数额和领导职数。人员编制是“三定”规定的主要内容之一。人员编制分为行政编制和事业编制两大类。

233 什么是行政编制?

行政编制指中国共产党各机关、各级人大及其常委会机关、各级行政机关、政协各级委员会机关、各级审判机关、各级检察院机关、各民主党派机关和工商联的各级机关，有关群众团体使用的人员编制，其经费由国家财政保障。行政编制的使用与国家的政治体制和行政系统的管理活动密切相关，这就决定了行政编制要有较强的外在约束，不能随意扩大。行政编制的审批权限在中央，中央机构编制部门审核中央和国家机关各部门、各民主党派机关，有关群众团体机关的行政编制和地方各级行政编制总额，各地区、各部门不得在中央批准的行政编制总额外越权审批行政编制，不得自行确定用于党政机关、人大机关、政协机关、法院和检察院机关、各民主党派和工商联机关的编制。各地区、各部门可根据工作需要调整行政编制，但必须在批准的总额内进行；地方不同层级之间行政编制的调整由省级机构编制部门报中央机构编制部门审批。各地区、各部门必须严格按照规定使用行政编制，不得擅自改变行政编制的使用范围。

234 什么是事业编制?

事业编制指各类事业单位所使用的人员编制。与行政编制相比，事业编制使用范围广泛，经费形式分为财政拨款、财政补助和经费自理等多种形式。中央机构编制部门重点加强对地方事业单位机构编制管理工作的宏观指导，对各省、自治区、直辖市事业编制的总量和结构进行调控。各省、自治区、直辖市机构编制部门统一制定本地区事业单位机构编制管理办法，上级机构编制部门对下级事业编制总量和结构实行动态管理。事业编制的使用范围必须严格控制，强化检查监督。事业编制只能用于事业单位，不得把事业编制用于党政机关，不得把事业编制与行政编制混合使用。

235 什么是援派机动编制?

援派机动编制是指由中央和国家机关各部门及人员编制较

少的党中央、国务院直属事业单位选派干部去西部地区工作期间使用的编制。为进一步加强和规范援派干部工作，中央编办从 2002 年起设立并核定援派机动编制。援派机动编制主要由中央和国家机关各部门及人员编制较少的党中央和国务院直属事业单位选派干部去西部地区工作期间使用。援派机动编制与援派干部派出部门人员编制性质相同。核编按照中央和国家机关各部门依据中央组织部下达的计划，根据机关选派的支援西部大开发、援藏、援疆等在编人员的人数确定。

各部门按照中央组织部下达的计划确定人选后，将拟援派干部的人数及所在司局（或单位）、援派地点、工作时间等有关情况报送中央编办，中央编办依据中央组织部确认的有关部门完成援派干部任务情况，核定下达各部门援派机动编制具体数额。援派干部完成援派任务后或因特殊原因提前返回原单位的，原则上自援派工作结束当月起 6 个月内核销其所在部门的援派机动编制。援派干部期满后异地、异部门安置的，原援派部门在当月将有关情况报送中央编办，中央编办在援派工作期限结束当月内，核销其所在部门的援派机动编制。考虑到选派中央和国家机关各部门干部到东北地区等老工业基地挂职锻炼与援疆、援藏、西部挂职锻炼具有同等意义，中央于 2006 年同意为到东北地区等老工业基地挂职锻炼干部核定援派机动编制。

236 什么是工勤人员编制？

工勤人员编制指机关、事业单位内按比例核定的专门用于从事后勤服务保障工作的人员使用的编制，如机关打字员、驾驶员等。

237 什么是离退休干部工作人员编制？

离退休干部工作人员编制指专用于离退休干部管理服务工作人员的编制，一般为行政编制，为机关行政编制的重要组成部分，有时也称“老干部工作人员编制”。离退休干部工作人员编制按离退休干部人数的一定比例核定。

238 什么是领导职数？

领导职数是指机构编制部门核定的机关、事业单位领导职务的名称、级别和数量。领导职数根据单位的性质、规格、工作职能、工作范围和编制数额确定。中央对领导职数的核定和管理有严格的规定和要求，有关部门和单位必须按照规定配备领导职数。

根据《公务员法》及《公务员职务与职级并行规定》等法律法规的规定，领导职务层次分为：国家级正职、国家级副职、省部级正职、省部级副职、厅局级正职、厅局级副职、县处级正职、县处级副职、乡科级正职、乡科级副职。

239 什么是在编人员和编外人员？

在编人员是指机关、事业单位在机构编制管理机关核定的编制数额内，按照有关规定和程序，经机构编制、组织人事等部门批准，列入编制管理的人员。

编外人员是指机关、事业单位在机关编制管理机关核定的编制外自行聘用的工作人员。

240 事业单位的类别是如何划分的？

事业单位，即事业单位的种类。按照社会功能，现有事业单位分为承担行政职能、从事生产经营活动和从事公益服务三个类别。根据职责任务、服务对象和资源配置方式等情况，从事公益服务的单位又细分为公益一类和公益二类事业单位。公益一类事业单位，指承担义务教育、基础性科研、公共文化、公共卫生及基层基本医疗服务等基本公益服务，不能或不宜由市场配置资源的事业单位。公益二类事业单位，指承担高等教育、非营利医疗等公益服务，可部分由市场配置资源的事业单位。

241 什么是承担行政职能的事业单位?

承担行政职能的事业单位，即承担行政决策、行政执行、行政监督等职能的事业单位。认定行政职能的主要依据是国家有关法律法规和中央有关政策规定。这类单位逐步将行政职能划归行政机构，或转为行政机构。《中共中央、国务院关于分类推进事业单位改革的指导意见》文件明确规定，今后不再批准设立承担行政职能的事业单位。各地制定地方性法规时不得规定将行政职能转由事业单位承担，已经写入的，应当逐步清理。

242 什么是从事生产经营活动的事业单位?

从事生产经营活动的事业单位，即所提供的产品或服务可以由市场配置资源、不承担公益服务的事业单位。这类事业单位要逐步转为企业或撤销。《中共中央、国务院关于分类推进事业单位改革的指导意见》文件明确规定，今后不再批准设立从事生产经营活动的事业单位。

243 什么是从事公益服务的事业单位?

从事公益服务的事业单位，指面向社会提供公益服务和为机关行使职能提供支持保障的事业单位。《中共中央、国务院关于分类推进事业单位改革的指导意见》文件明确规定，分类推进事业单位改革后，只有这类单位继续保留在事业单位序列。根据职责任务、服务对象和资源配置方式等情况，将从事公益服务的事业单位细分为公益一类事业单位和公益二类事业单位。

公益一类事业单位，指承担义务教育、基础性科研、公共文化、公共卫生及基层基本医疗服务等基本公益服务，不能或不宜由市场配置资源的事业单位。这类单位不得从事生产经营活动，其宗旨、业务范围和服务规范由国家确定，对这类事业单位，根据正常业务需要，财政给予经费保障。

公益二类事业单位，指承担高等教育、非营利医疗等公益服务，可部分由市场配置资源的事业单位。这类单位按照国家确定的公益目标和相关标准开展活动，在确保公益目标的前提下，可根据相关法律法规提供与主业相关的服务，收益的使用按国家有关规定执行。对这类事业单位，根据业务特点和财务收支状况，财政给予经费补助，并通过政府购买服务等方式予以支持。

244 工会组织机构设置的原则是什么？

工会组织开展工作，需要建立必要的工作机构和配备必要的工作人员。工会组织工作的任务之一，就是要根据国家机构编制管理部门的有关规定，从实际出发设置和调整工作机构，确定工作人员编制。工会组织机构的设置是否合理，运转是否正常，直接影响到工会作用的发挥。工会的机构设置要坚持产业与地方相结合、与经济管理体制和协调劳动关系的需要相适应的原则，根据发展社会主义市场经济、履行工会基本职责的要求，结合工会组织的实际来确定。工会组织机构设置，一般应考虑以下几个原则：

（1）任务目标原则。组织机构是实现一定任务和目标的手段，任务与目标是组织机构设置的客观依据。因此，机构设置必须与组织目标相一致，与组织任务相适应，坚持有利于完成任务和实现目标原则。

（2）精简、统一、效能的原则。按照这一原则，对工会业务进行具体分析，减少机构设置中业务重复、交叉现象，逐步建立起精干效能、机构健全、结构合理、权责明确的组织体系。实践证明，越是机构臃肿的地方，工作越不易干好。

（3）责权相当原则。责权相当要求明确各部门各成员的责任，确定所应赋予的相应权力。权力和责任是组织机构建立和运转的两个基本条件。有权无责或权大责小，必然产生主观主义、官僚主义；反之，有责无权或责大权小，责任就难以履行，也无法做好工作。

（4）服务基层原则。工会组织机构的设置要充分体现一切为了基层，一切为了职工的精神，避免那种上级工会对下级工会指令多，指导少；要求多，服务少的状况。要充分体现各层次的特点，不强求上下对口。

245 工会组织机构设置的主要依据有哪些？

工会组织机构设置的主要依据是《工会法》和《中国工会章程》。

《工会法》明确规定，“全国建立统一的中华全国总工会”；“基层工会、地方各级总工会、全国或者地方产业工会组织的建立，必须报上一级工会批准”。从工会组建角度来看，工会成立必须经过上级批准才具有合法性。

《中国工会章程》分别在全国组织、地方组织、基层组织等章节对工会组织的设置作出了具体规定。（1）同一企业、事业单位、机关和其他社会组织中的会员，组织在一个工会基层组织中；同一行业或者性质相近的几个行业，根据需要建立全国的或者地方的产业工会组织。除少数行政管理体制实行垂直管理的产业，其产业工会实行产业工会和地方工会双重领导，以产业工会领导为主外，其他产业工会均实行以地方工会领导为主，同时接受上级产业工会领导的体制。各产业工会的领导体制，由中华全国总工会确定。(2) 省、自治区、直辖市，设区的市和自治州，县（旗）、自治县、不设区的市建立地方总工会。地方总工会是当地地方工会组织和产业工会地方组织的领导机关。全国建立统一的中华全国总工会。中华全国总工会是各级地方总工会和各产业工会全国组织的领导机关。(3) 县和县以上各级地方总工会委员会，根据工作需要可以派出代表机关。(4) 全国产业工会、各级地方产业工会、乡镇工会和城市街道工会的委员会，可以按照联合制、代表制原则，由下一级工会组织民主选举的主要负责人和适当比例的有关方面代表组成。

HUI HUI YIN ZHANG

第十部分

会徽印章

246 中国工会会徽的样式和象征意义是什么?

中国工会会徽是工会的标志和象征，具有严肃性和统一性。1993 年中国工会第十二次代表大会通过的《中国工会章程》（修正案）首次增写了“会徽”一章，对工会会徽的制作标准、使用范围等作了具体规定。《中国工会章程》第四十二条规定：“中国工会会徽，选用汉字‘中’、‘工’两字，经艺术造型呈圆形重叠组成，并在两字外加一圆线，象征中国工会和中国工人阶级的团结统一。会徽的制作标准，由中华全国总工会规定。”

247 中国工会会徽的制作标准是什么?

正确使用会徽，可以增强中国工会的凝聚力和影响力，增强会员的认同感、光荣感、使命感。1993 年，全国总工会办公厅印发了《关于中国工会会徽制作等有关问题的通知》，首次就中国工会会徽标准作了规定。2019 年 4 月，全国总工会办公厅印发了新的《关于中国工会会徽制作使用的若干规定》，对 1993 年印发的通知进行了修订，就工会会徽的规格、颜色等标准作了新的具体规定。

为保持会徽的严肃性，会徽须按中华全国总工会规定的标准制作。《关于中国工会会徽制作使用的若干规定》第四条对会徽的制作标准作了具体规定，即“会徽为圆形，直径为20A（A为长度单位）的会徽，‘中’、‘工’两字笔画宽度为1.4A，两字外圆线宽度为0.3A，‘工’字与‘中’字之间、‘中’字与外圆之间的间距为1.25A，‘工’字上下半圆形之间的间距为1.5A。会徽底色为红色，艺术字造型及外圆线为金黄色，颜色标准为：红色（C0、M100、Y100、K10）；金黄色（C0、M10、Y100、K0）。 在实际应用中，可根据不同场合需要按规定确定尺寸，但不得改变颜色、比例关系”。

注意：在实践中，一些地方工会和基层工会制作悬挂的工会会徽，未按照工会会徽规定的颜色制作，出现较多的错误是把工会会徽全部制作成红色，或者全部制作成黄色。按照规定规范的应当是会徽底色为红色，“中”、“工”两字艺术字造型及外圆线为金黄色。

248 佩戴工会会徽的标准是什么？

根据《关于中国工会会徽制作使用的若干规定》第六条的规定，会徽可制作成徽章，供工会会员和工会干部佩戴，直径为25毫米。徽章金黄色部分采用“浮雕”手法，字面凸起，呈现立体感。

249 悬挂工会会徽的要求是什么？

根据全国总工会办公厅印发的《关于中国工会会徽制作使用的若干规定》的有关规定，工会会徽可以悬挂在工会办公地点、活动场所、服务阵地，也可以在召开中国工会全国代表大会、执委会议和地方各级工会代表大会、工会委员会全体会议等重要会议和工会重大活动时悬挂工会会徽。

注意：根据《关于中国工会会徽制作使用的若干规定》第七条的规定，“悬挂会徽，应当置于显著位置。使用会徽及其图案，应当严肃、庄重”。

250 工会会徽的使用范围是什么？

工会会徽作为工会的标志和象征，正确使用会徽，可以增强中国工会的凝聚力和影响力，增强会员的认同感、光荣感、使命感。《中国工会章程》第四十三条规定：“中国工会会徽，可在工会办公地点、活动场所、会议会场悬挂，可作为纪念品、办公用品上的工会标志，也可以作为徽章佩戴。”2019 年 4 月，全国总工会办公厅印发的《关于中国工会会徽制作使用的若干规定》第五条进一步明确了会徽的使用范围：（1）工会办公地点、活动场所、服务阵地；（2）召开中国工会全国代表大会、执委会议和地方各级工会代表大会、工会委员会全体会议等重要会议，工会重大活动；（3）各级工会组织颁发的奖状、证书和其他荣誉性文书、证件；（4）工会报刊和出版物、新媒体文化产品、网站。除上述情况外，使用会徽及其图案须经县级和县级以上工会组织批准。

此外，《关于中国工会会徽制作使用的若干规定》在第九条还强调："会徽及其图案不得用于或者变相用于商标、商业广告、商业活动等场合。"同时在第十条明确："县级以上工会组织对所在地区、所辖范围内工会会徽使用情况进行监督检查，对不符合本规定的情况及时纠正。"

251 关于各级工会组织的印章都有哪些规定？

《中华全国总工会关于各级工会组织印章的规定》对各级工会组织印章的尺寸、式样、规格及管理办法作出规定。其中明确：（1）各级工会组织的印章一律为圆形，宽边内加一细线，中间刊五角星，星外刊单位名称，文字自左而右环排。（2）印章所刊工会组织的名称一般用全称，如文字过多，可采用通用的简称。印章的文字，用宋体字和国务院公布实行的简化字。民族自治地方工会组织的印章，应当并刊汉字和当地通用的民族文字，民族文字刊左，汉字刊右。（3）中华全国总工会的印章，直径 5 厘米，边宽 0.15 厘米，五角星直径 2 厘米。各省、自治区、直辖市总工会及全国产业工会、全国总工会部委办一级组织的印章，直径 4.6 厘米，边宽 0.12 厘米，五角星直径 1.8 厘米。其他各级工会组织，及工会组织所属的部门、企事业单位的印章，直径均为 4.2 厘米，边宽 0.12 厘米，五角星直径 1.6 厘米。（4）各级工会经费审查委员会印章的尺寸、式样、规格与同级工会组织的印章相同。由同级工会组织制发。

252 工会组织的印章如何刻制？

根据《中华全国总工会关于各级工会组织印章的规定》，工会组织印章的刻制，应凭上级工会同意其成立工会的批复，由制发机关的办公厅（室）开具证明，并详细写明印章的名称、式样和规格，到制发机关所在地的公安部门办理登记手续，去指定的单位刻制。承制单位和刻制者都不准留样和仿制。递送工会组织的印章，应按递送秘密文件对待。此外还规定，如确实需要制作印刷文件用的套印印章，可报上一级组织备案后自行刻制。套印印章的式样规格应与正式印章相同。制作证件用的钢印及其他专用章，应在式样规格上与正式印章有所区别，各单位可自行刻制。

253 基层工会所属工作部门（委员会）、车间（科室）工会能否刻制印章?

根据《中国工会章程》第三十条的规定，“基层工会委员会根据工作需要，可以在分厂、车间（科室）建立分厂、车间（科室）工会委员会”。基层工会所属工作部门（委员会）、车间（科室）工会等，如工作确实需要，可以刻制印章，但原则上只限于基层工会内部使用。

254 工会组织的印章如何保管、销毁?

根据1986年全国总工会印发的《中华全国总工会关于各级工会组织印章的规定》要求，“工会组织的印章，由该组织的负责人或指定人员保管。使用印章须经该组织负责人批准，每次用印应进行登记”“印章的启用或停用应及时通知有关单位。印模在本单位存档。工会组织的印章因受损坏或机构变动而停止使用后，应及时上缴原制发单位。收回的旧印章，应区别情况予以封存或销毁。销毁旧印章，应经本组织负责人批准，2人监销”。

255 工会组织标牌规格有什么要求?

各级工会标牌，一般为白底红字，字体为仿宋体美术字。工会标牌的大小，应与单位党组织标牌大小相同；工会标牌书写的名称，应与该级工会印章上名称一致。

256 什么是工会会员证?

《中国工会章程》第二条规定：“职工加入工会，由本人自愿申请，经基层工会委员会批准并发给会员证。”会员证是证明工会会员身份的重要凭证。加强对会员证的规范管理，是加强工会会员会籍管理的基本内容，对于强化工会会员意识、保障工会会员权利具有重要作用。对新加入工会的会员，基层工会要及时为其颁发会员证，作为会员身份凭证，享有会员权利，履行会员义务。

257 工会会员证样式由谁制定?

为认真贯彻落实2016年全国总工会印发的《工会会员会籍管理办法》，切实加强工会会员会籍管理工作，2017年全国总工会印发了《关于进一步加强〈中华全国总工会会员证〉管理工作的通知》，进一步规范《中华全国总工会会员证》管理工作。根据此规定，会员证由全国总工会确定式样，全国总工会组织部负责监制。各省级工会负责印制、颁发，并确定会员证的编号办法；各省级工会组织部门承担印制、使用、管理等具体工作。

258 工会会员证如何印制、使用、管理?

根据 2017 年全国总工会印发的《关于进一步加强〈中华全国总工会会员证〉管理工作的通知》的规定，各省级工会根据全国确定的工会会员证样式、印制的会员证，须统一加盖全国总工会组织部印章。各省级工会组织部门应向全国总工会组织部提出使用公章印模的书面申请，经审核同意后，指定专人保管并监督使用，使用后及时送回，确保印模安全。会员证所附录的“会员的权利”和“会员的义务”内容，应与中国工会全国代表大会最新通过的《中国工会章程》有关表述保持一致。同时还规定，为确保印制质量，各省级工会在确定承印单位前，须将该单位印制的会员证式样报全国总工会组织部审核同意，方可正式印制。每年已印制数量须在当年 12 月 31 日前报全国总工会组织部备案。

259 工会会员证印制单位如何确定?

根据《关于进一步加强〈中华全国总工会会员证〉管理工作的通知》的规定，工会会员证印制单位由各省级工会确定。各省级工会要按照政府采购、招标、投标等有关规定要求，严格履行相应程序，规范办理有关手续，经集体研究，并进行公示后，确定一家承印会员证的单位。

260 是否可以向工会会员个人收取会员证工本费?

根据《关于进一步加强〈中华全国总工会会员证〉管理工作的通知》的规定，各省级工会印制会员证的费用，从工会经费中列支，不得向工会会员个人收取任何费用。因而，如果在实践中存在向工会会员个人收取工会会员证工本费的行为，应及时进行纠正。

CHANG JIAN YI NAN WEN TI

第十一部分

常见疑难问题

261 工会的组织领导关系是否必须跟党的组织关系保持一致?

实践中，在遇到确立工会组织领导关系问题时，一些同志认为，工会的组织领导关系应当按照党组织的隶属关系来理顺或确立。即，工会所在单位的党组织关系在哪，工会组织领导关系也应明确在哪，理由是工会组织领导关系要和党组织关系保持一致，否则就不利于接受党的领导。

对此，首先要明确，坚持共产党的领导，是中国工人阶级群众组织性质决定的，也是中国工会区别于世界其他国家工会的一个本质特点，是我们必须坚持的。其次要明确，工会组织领导关系与工会接受党的领导是不同的两个问题，确定或划分工会组织领导关系，《中国工会章程》在总则及第十一条明确规定了确立工会组织领导关系的原则，即“中国工会实行产业和地方相结合的组织领导原则”。这一原则与工会接受党的领导并不矛盾，各级地方工会和产业工会都是在同级党组织领导下开展工作的，基层工会接受地方工会或产业工会的领导同样体现了党的领导。按照中共中央关于加强党对工会工作领导的有关文件的规定精神，基层工会以同级党组织领导为主，同时接受上级工会的领导。党对工会工作的领导，集中体现在党把握工会工作的政治方向、管理工会领导班子等，也体现在支持工会按照章程独立自主地开展工作。最后要理顺工会组织领导关系，应当考虑适应党和行政的领导体制，有利于加强党对工会组织的领导，所以大部分情况下，工会组织领导关系和党的组织关系是一致的，但依据确立工会组织领导关系的产业和地方相结合的原则，也会有不一致的情况。因此，不能简单地按照党的领导关系来划分工会的组织领导关系，也不能把工会组织关系与党的领导关系保持一致，作为划分工会组织领导关系的原则。要根据工会组织的不同情况，具体分析，区别对待。

262 如何确立中央企业工会与产业工会的关系？

《中华全国总工会关于深入推进产业工会工作创新发展的意见》就进一步理顺产业工会与中央企业、企业集团及其所属企业工会的关系作了明确规定，即“在京的中央企业工会，按照行业分类，原则上由相应的全国产业工会领导。京外的中央企业工会和地方企业集团所属基层工会，按照属地管理原则，一般接受所在地地方工会领导。其所在地建立相应产业工会的，工作接受所在地产业工会指导，不改变企业工会组织关系和经费管理体制”。

《中华全国总工会关于企业集团建立工会组织的办法》第十五条规定：“集团工会的领导关系，根据产业和地方相结合的组织领导原则确定。集团工会以同级党组织领导为主，同时接受所在地方工会的领导和上级有关产业工会的指导。在京的中央企业集团工会，以同级党组织领导为主。同时在中华全国总工会领导下，按照行业分类原则，由相关全国产业工会实施具体指导。”

263 乡镇（街道）工会如何建立?

组建乡镇（街道）工会组织，是最大限度地把包括农民工在内的广大职工吸收到工会组织中来的必由之路，在健全工会组织领导体制中处于十分重要的地位。为深入贯彻党中央决策部署，落实中国工会十七大任务要求，推动工会改革创新举措在基层落地见效，夯实工会基层基础，2019 年全国总工会印发《关于加强乡镇（街道）工会建设的若干意见》，就加强乡镇（街道）工会建设提出明确意见：

（1）乡镇（街道）工会组织应依据《中华人民共和国工会法》和《中国工会章程》建立，不得随意撤销、合并，具备法人条件的，依法取得社会团体法人资格。

（2）乡镇（街道）工会组织形式有工会委员会、工会联合会和总工会。乡镇（街道）工会委员会由会员（代表）大会选举产生。乡镇（街道）工会联合会委员会可以由会员（代表）大会选举产生，也可以按照联合制、代表制原则，由下一级工会组织民主选举的主要负责人和适当比例的有关方面代表组成。

（3）乡镇（街道）辖区内有企业 100 家以上、职工 5000 人以上，能够配备专职工会主席（副主席）和专职工作人员的，可以建立乡镇（街道）总工会，其委员会换届和选举工作参照

《关于地方工会召开代表大会及组成工会委员会、经费审查委员会的若干规定》执行。建立乡镇（街道）工会组织，应同时建立经费审查委员会和女职工委员会。

（4）乡镇（街道）工会领导辖区内有隶属关系的各类基层工会组织（含区域性、行业性工会联合会）。

（5）根据工作需要，县（市、区）总工会可以在不具备建立工会组织条件的乡镇（街道）设派出代表机关，即乡镇（街道）工会工作委员会。

264 为什么不能按照职业原则来组建基层工会?

《中国工会章程》在总则中规定了工会的组织领导原则，即“中国工会实行产业和地方相结合的组织领导原则，坚持民主集中制”。产业和地方相结合的组织领导原则是我们明确具体和理顺工会组织关系的重要原则，内涵丰富，经过历史探索和不断完善，这一原则的基本内容和要求已十分明确，日臻完善，具体体现在《中国工会章程》第十一条等有关条款中。

《中国工会章程》第十一条规定，“同一企业、事业单位、机关和其他社会组织中的会员，组织在一个工会基层组织中”。它明确了我国的基层工会，是以产业原则组建，不是职业原则。如，在同一个学校，无论是教师还是管理人员，抑或是后勤服务人员，都组织在同一个基层工会，即 ×× 学校工会，而不能是同一个学校的职工，和一些外国工会一样，根据不同的职业，组织和参加不同的工会，如教师工会、管理人员工会等，这也是我国工会的组织领导原则所不允许提供的。否则，就会形成像一些外国工会一样，在同一个单位存在由不同的职业、工种分别组成的多个不同的工会，易造成职工内部的矛盾和分裂，不利于工人阶级队伍的团结和工会组织的统一，也是不符合《工会法》和《中国工会章程》的关于中国工会组织领导原则规定的。

265 离退休职工可否单独建立工会组织?

根据《工会法》和《中国工会章程》及全国总工会印发的有关文件规定，会员离休、退休和失业，可保留会籍，不再享有选举权和被选举权。离退休职工单独成立离退休职工工会组织不符合《中国工会章程》的有关规定。对离休、退休职工要求成立工会组织的，上级工会要依据有关规定做好解释工作，不予审批。此外，根据《中国工会章程》的规定，“中国工会实行产业和地方相结合的组织领导原则”，基层工会的建立按照“同一企业、事业单位、机关和其他社会组织中的会员，组织在一个工会基层组织中”的原则。因此，按照年龄类别建立“离退休职工工会”也不符合我国工会的组织原则。

266 退休工会会员返聘后能否担任返聘单位的工会主席?

《中国工会章程》第八条规定，会员离休、退休和失业，可保留会籍。保留会籍期间免交会费。一般不再参加工会的组织生活，也不再享有选举权和被选举权等工会会员的权利。退休的工会会员接受返聘后，根据本人自愿，可以参加返聘单位工会组织的活动，一般不再担任返聘单位工会领导职务。

267 可以在企业建立妇联组织吗?

中共中央办公厅在 1991 年 6 月对全国总工会、全国妇联关于在企业女职工工作中进一步加强合作的有关复函中明确提出，企业女职工工作以工会为主、妇联配合，妇联不在企业建立组织，不搞两套机构。《中国工会章程》第十四条也明确规定：“企业工会女职工委员会是县或者县以上妇联的团体会员，通过县以上地方工会接受妇联的业务指导。”《工会法》第十一条明确规定：“用人单位有会员二十五人以上的，应当建立基层工会委员会；不足二十五人的，可以单独建立基层工会委员会，也可以由两个以上单位的会员联合建立基层工会委员会，也可以选举组织员一人，组织会员开展活动。女职工人数较多的，可以建立工会女职工委员会，在同级工会领导下开展工作；女职工人数较少的，可以在工会委员会中设女职工委员。”

268 非中共党员可否担任工会主席?

根据《中国工会章程》第三条的规定，会员享有选举权、被选举权和表决权。因此，非中共党员，只要是工会会员，并且是经过民主选举产生的，可以担任工会主席。对于当选的非党员同志，组织上应当为他们创造必要的工作条件，工作上给予更好的支持和帮助，包括列席党委的有关会议等。

269 代理工会主席期间如何称呼?

根据《工会基层组织选举工作条例》第三十三条的规定，“补选主席前征得同级党组织和上一级工会的同意，可暂由一名副主席或委员主持工作，期限一般不超过半年”。由此可见，基层工会主席空缺时，可暂由一名副主席或委员主持工作，即代理主席职务，时间一般不超过半年。

关于代理主席期间的称谓，全国总工会组织部 2003 年 3 月 12 日在给有关单位的复函中明确，副主席代理主席职务，可以称“代主席”，或仍称呼副主席；新调入的工会主席人选，按规定可由组织部门任命工会的党的职务，负责某方面工作，在没有履行民主选举程序前，不能称为“主席”或“副主席”。

270 关于企业工会主席的职级配备都有哪些规定?

关于企业工会主席的配备，主要有以下规定：

（1）1981年7月中共中央、国务院关于转发《国营工业企业职工代表大会暂行条例》的通知规定：“为了使企业基层工会能很好地承担起职工代表大会工作机构的任务，要选调相当于企业党委副书记、副厂长一级的干部担任企业基层工会的主席。”

（2）1999年《中华全国总工会办公厅关于转发中国石油天然气集团公司党委〈关于在企业重组改制中设置党组织、工会组织、共青团组织有关意见的通知〉的通知》规定：“三、要按照规定和条件选拔配备党组织、工会组织和共青团组织负责人。党委副书记可兼任纪委书记、工会主席，行政领导一般不兼任工会主席。工会主席应按程序进入党的委员会，设常委会的应进入常委会。工会主席兼任的，要另选配专职工会副主席。团委正副书记要按照本单位党委职能部门同级正副职干部的职级配备。”

（3）2006年全国总工会印发的《企业工会工作条例》第二十四条规定：“国有、集体及其控股企业工会主席候选人，应由同级党组织和上级工会在充分听取会员意见的基础上协商提名。工会主席按企业党政同级副职级条件配备，是共产党员的应进入同级党组织领导班子。专职工会副主席按不低于企业中层正职配备。私营企业、外商投资企业、港澳台商投资企业工会主席候选人，由会员民主推荐，报上一级工会同意提名；也可以由上级工会推荐产生。工会主席享受企业行政副职待遇。企业行政负责人、合伙人及其近亲属不得作为本企业工会委员会成员的人选。”

（4）2008年全国总工会印发的《企业工会主席产生办法（试行）》第十九条规定：“企业工会主席选举产生后应及时办理工会法人资格登记或工会法人代表变更登记。企业工会主席一般应按企业副职级管理人员条件选配并享受相应待遇。公司制企业工会主席应依法进入董事会。”

271 地方国资委监管企业工会领导关系如何确定？

为了加强对地方国资委监管企业工会工作的领导，更好地发挥这些企业工会的作用，根据《工会法》和《中国工会章程》的有关规定，就地方国资委监管企业工会领导关系的有关问题，2005年全国总工会印发了《中华全国总工会关于地方国资委监管企业工会领导关系问题的通知》。通知明确规定：地方国资委不建立领导企业工会的工会组织。由于地方国资委是政府特设机构，其主要职责是作为国有资产出资人代表，对企业的国有资产依法进行监督和管理，维护出资人权益，因此在地方国资委建立领导所属企业工会的工会组织，与国资委的职责不符。根据《中国工会章程》的规定，中国工会实行产业和地方相结合的组织领导原则。国资委监管的企业分属于不同的产业，如果在地方国资委建立领导企业工会的工会组织，势必造成现行工会组织领导体制的混乱，不利于地方总工会对企业工会工作实行统一领导，也不利于地方总工会在同级党委的领导下做好职工队伍稳定工作。地方国资委应当建立机关工会，该机关工会由同级省、市直属机关工会领导。

272 机关工会的组织领导关系如何确定？

《机关工会工作暂行条例》（以下简称《条例》）第七条第二款规定："机关工会接受同级机关党组织和上级工会双重领导，以同级机关党组织领导为主。"需要强调的是，这里的"同级机关党组织"是指本单位的机关党委（或总支、支部），而不是指本单位的党委或党组。"上级工会"在《条例》第十条和第十一条分别进行了明确，即：地方机关工会联合会或者地方机关工会工作委员会，是本级各机关工会或者联合机关工会的上级工会；中央直属机关工会联合会或者中央国家机关工会联合会，是中央和国家机关各部委、各人民团体机关工会的上级工会，如：全国总工会机关工会接受全国总工会机关党委和中央直属机关工会联合会的领导，其上级工会是中央直属机关工会联合会。

273 机关所属企业、事业单位的工会组织是否由机关工会领导?

《全国总工会关于推进工会改革和建设若干问题的意见（试行）》规定：“机关工会是由机关工作人员组织起来的工会组织。按照《工会法》和《中国工会章程》规定的原则，非直接为机关服务的企事业单位的工会组织，应由地方工会或相关产业工会领导和管理。”这是因为，机关工会因其所在机关的工作性质、职能任务、领导体制、人员构成等与企事业单位及其他社会组织不同，机关工会与企业、事业单位工会在履行职责的内容、途径、手段和活动方式等方面也不相同。如机关不实行工资集体协商，劳动法律监督、劳动争议调解等也不适合机关工会。因此，机关所属企业、事业单位的工会组织，一般不由机关工会领导，而应按照属地原则，由相关产业工会或地方工会领导。

274 工会代表大会和工会代表会议有什么区别?

《中国工会章程》第十二条第二款规定：“县和县以上各级工会委员会，在两次代表大会之间，认为有必要时，可以召集代表会议，讨论和决定需要及时解决的重大问题。代表会议代表的名额和产生办法，由召集代表会议的总工会决定。”工会代表大会和工会代表会议在两者的任期、职权和任务以及产生代表的方法等方面都有很大不同，这是两个不同的概念，要注意分清。

（1）职权、任务不同。工会的地方各级代表大会是各级工会组织的最高权力机构，根据《中国工会章程》第二十二条的规定，工会的地方各级代表大会的职权有三项：一是审议和批准同级总工会委员会的工作报告；二是审议和批准同级总工会委员会的经费收支情况报告和经费审查委员会的工作报告；三是选举同级总工会委员会和经费审查委员会。工会代表会议则是在两次代表大会之间，为讨论和决定需要及时解决的重大问题或选举出席上级工会代表大会或代表会议的代表，在各级工会委员会领导下召开的重要会议。

（2）开会期限不同。工会各级代表大会的召开是有期限的，必须按工会章程规定的期限，定期举行。工会代表会议，是在两次代表大会之间，由同级工会委员会根据工作需要随时可以决定召开的重要会议。

（3）产生代表的方法不同。工会各级代表大会的代表，是根据会员人数和分布情况确定名额、条件，全部由下级工会会员大会、会员代表大会或工会代表会议选举产生的。而工会代表会议的代表名额和产生办法，是由召集代表会议的各级工会委员会，根据任务需要确定代表名额。出席会议的代表一部分是该级工会委员会委员，下级工会领导机关负责人，另一部分是由下级工会代表会议或委员会扩大会议选举产生的代表。

（4）批准召开的权限不同。工会各级代表大会的召开，是由同级委员会报上级工会批准，而工会代表会议的召开，则由同级工会委员会决定。

275 工会会员代表大会与职工代表大会有何不同？

根据《工会法》和《中国工会章程》等有关规定，关于工会会员代表大会与职工代表大会的不同主要体现在以下几个方面：

（1）工会是职工自愿结合的群众组织，工会会员代表大会是工会的最高权力机构，基层工会委员会是工会会员代表大会的常设领导机构，而企业工会委员会是职工代表大会的工作机构，负责职工代表大会日常工作，但不是它的常设领导机构。

（2）工作机构与常设机构是有原则区别的，常设机构在职工代表大会闭会期间，可行使职工代表大会的职权，而工作机构没有这种职权。它的任务是在单位党组织的领导下，会同有关部门进行大会的筹备工作、会务工作以及大会闭会期间职工民主管理的日常组织工作，办理职工代表大会或主席团交办的事项。

因此，工会会员大会或会员代表大会与职工代表大会或职工大会两者性质、任务不尽相同，代表的构成也不同，所以有条件的单位，工代会与职代会须分别行使职权，分别召开，不得相互替代。

276 如何处理被兼并、收购企业的工会组织关系？

处理被兼并、收购企业的工会组织关系，需要具体情况具体分析，不能一概而论。具体分为以下几种情况：

（1）被兼并企业在体制上作为兼并企业下属的非独立法人分公司或分厂、车间或科室建制的，应报经上级工会批准，撤销原工会组织建制，改建为分公司、分厂、车间或科室一级工会。

（2）被兼并企业的体制解体，人员重新进行分配的，应报经上级工会批准，撤销原工会组织建制。在处理被兼并企业工会组织的同时，要妥善做好被兼并企业工会干部的工作交接和工会经费及工会财产的分割、移交等工作。

（3）被收购企业在体制上仍保持独立法人地位，其工会组织关系分两种情况：收购企业与被收购企业所在地相同的，可由收购企业集团工会领导；收购企业与被收购企业不在同一地方的，实行双重领导原则，以属地管理为主。

277 工会基层组织换届选举可以不选出主席吗?

按照《工会基层组织选举工作条例》有关规定，工会基层组织进行换届选举时，不应预留出委员空额。如果确实不具备条件的，建议向上级工会组织请示，待到条件成熟时，再进行换届选举。这是因为，工会进行换届选举是一件非常严肃认真的事情。基层工会委员会的名额是根据会员人数按一定比例确定的，一经上级工会组织批准，就应当按照批准的名额进行选举，不能预留出一定名额。在选举时，如果当选名额少于应选名额，对不足的名额应另行选举。只有在当选人接近应选名额时，经会员大会或会员代表大会讨论，如果多数人同意，才可以减少名额，不再进行选举。

278 基层工会会员代表大会是否可以设置列席代表和特邀代表？

为了加强和体现党对工会工作的领导，争取和增进行政对工会工作的了解和支持，扩大工会的社会影响，宣传工会的职能作用，结交和通畅工会工作的关系和渠道，更好地贯彻会员代表大会的精神，和全国工会代表大会及各级地方、产业工会代表大会一样，基层工会召开会员代表大会时，也可以设置若干列席代表名额并请一些特邀代表出席大会。

列席代表一般包括：（1）由于代表大会代表名额的限制而未被选为代表的所属基层工会委员会主席、副主席或分工会主席、工会经费审查委员会、女职工委员领导同志及一些先进工会小组组长。（2）未当选会员代表的单位党政领导和所属下级单位的党政主要领导同志、机关处（科室）党政主要领导同志。（3）单位共青团和下级共青团的主要领导同志。列席代表人选由工会委员会提名确定或提请同级党组织商定，一般不超过工会会员代表大会正式代表的20%。列席代表参加工会会员代表大会有关会议和分组讨论，但没有选举权和表决权。

特邀代表一般为历届工会委员会、工会经费审查委员会、女职工委员会有影响的老同志，全国、省部市等级别的劳动模范、先进生产工作者或其代表，优秀工会积极分子代表，社会或社区与基层工会工作密切相关单位的领导同志等，对此，可根据会议的内容和规模确定。

279 工会会员代表选举产生后工会代表大会未能按时召开，代表身份还有效吗?

根据《基层工会会员代表大会条例》第十三条的规定："会员代表应由会员民主选举产生，不得指定会员代表。"会员代表经选举产生后，由于种种原因工会代表大会推迟未召开。在准备召开工会代表大会时，会员代表身份和资格审查结果绝大部分是有效的。在推迟召开会员代表大会期间，如果有《基层工会会员代表大会条例》第二十五条规定的下列情形之一，会员代表身份自然终止：一是在任期内工作岗位跨选举单位变动的；二是与用人单位解除、终止劳动（工作）关系的；三是停薪留职、长期病事假、内退、外派超过一年，不能履行会员代表职责的。在推迟召开会员代表大会期间，根据《基层工会会员代表大会条例》第二十七条的有关规定，如果有下列情形之一的，可以取消会员代表身份：一是不履行会员代表职责的；二是严重违反劳动纪律或单位规章制度，对单位利益造成严重损害的；三是被依法追究刑事责任的；四是其他受处分、违纪的情况。如果没有上述情况，经请示上级工会组织后，如果不需要进行重新选举，可直接开展后序工作。

280 选举产生的工会委员会委员和工会主席、副主席、常委及经审会主任、副主任何时开始履职？

工会选举产生的工会委员会委员和工会主席、副主席、常委及经审会主任、副主任的任职时间从当选之日起计算，因而在上级工会未批复前可以履行职责，但须经上级工会批复同意后，方可正式公布他们的职务。

GONG HUI ZU ZHI GONG ZUO
ZI CE TI

第十二部分

工会组织工作自测题

一、判断题

1. 中国工会章程是处理工会内部事务的基本准则。（ ）

2. 工会的各级领导机关，除它们派出的代表机关外，都由民主选举产生。（ ）

3. 中华全国总工会是各地方总工会和各产业工会全国组织的领导机关。（ ）

4. 地方产业工会组织的建立，必须报上一级产业工会批准。（ ）

5. 我国工会实行同级党委和上级工会双重领导，以同级党组织领导为主的体制。（ ）

6. 上级工会组织和下级工会组织之间是指导和被指导的关系。（ ）

7. 在大会闭会期间，经费审查委员会向同级工会委员会负责并报告工作。（ ）

8. 工会会员不足二十五人的，可以单独建立基层工会委员会。（ ）

9. 企业工会女职工委员会是县或者县以上妇联的团体会员，通过县以上地方工会接受妇联的业务指导。（ ）

10. 工会派出代表机关是一级工会组织。（ ）

11. 各级地方产业工会组织的设置，由同级地方总工会根据本地区的实际情况确定。（ ）

12. 基层工会主席、副主席因工作需要调动时，应事先征得本级工会委员会和上一级工会同意。（ ）

13. 同一企业、事业、机关单位和其他社会组织中的会员，可以不组织在一个工会基层组织中。（ ）

14. 会徽的制作标准，由中华全国总工会规定。（ ）

15. 中国工会会徽，可作为纪念品、办公用品、生活用品上的工会标志。（ ）

16. 成立或者撤销工会组织，必须经会员大会或者会员代表大会通过，并报上一级工会批准。（ ）

17. 工会经费审查委员会向同级会员大会或会员代表大会负责并报告工作；在大会闭会期间，向同级工会委员会负责并报告工作。（ ）

18. 工会在接受同级党组织领导的同时，接受上级工会的领导。（ ）

19. 没有建立党组织的单位，其工会组织直接接受上级工会的领导。（ ）

20. 工会的地方各级领导机关，是工会的地方各级代表大会。（ ）

21. 工会各级委员会，向同级会员大会或会员代表大会负责并报告工作，接受会员监督。（ ）

22. 阻挠职工依法参加和组织工会或者阻挠上级工会帮助、指导职工筹建工会的，由上级工会责令其改正。（ ）

23. 各级人民政府和用人单位应当为工会办公和开展活动，提供必要的设施和活动场所等物质条件。（ ）

24. 各级地方总工会经费审查委员会委员和独立管理经费的产业工会经费审查委员会委员，不能实行替补制。（ ）

25. 中华全国总工会书记处是中华全国总工会的日常工作机构。（ ）

26. 区域性、行业性工会联合会属于基层工会。（ ）

27. 我国境内企业集团在境外建立的子公司组建工会，适用《工会法》和《中国工会章程》的规定。（ ）

28. 上级工会可以派员帮助和指导用人单位的职工组建工会。（ ）

29. 各级地方产业工会组织的设置，由上级地方总工会确定。（ ）

30. 民主选举产生的工会干部没有试用期。（ ）

二、单选题

1. 全国产业工会、各级地方产业工会、乡镇工会和城市街道工会的委员会，可以按照联合制、代表制原则，由（ ）和适当比例的有关方面代表组成。

A. 会员代表

B. 下一级工会组织民主选举的主要负责人

C. 职工代表

D. 各级工会负责人

2. 下列哪项不属于工会的地方各级代表大会的职权？（ ）

A. 审议和批准同级总工会委员会的工作报告

B. 审议和批准同级总工会委员会的经费收支情况报告和经

费审查委员会的工作报告

C. 选举同级女职工委员会

D. 选举同级总工会委员会和经费审查委员会

3. 地方总工会是当地地方工会组织和（　）的领导机关。

A. 地方工会部门　　B. 基层工会组织

C. 工会直属单位　　D. 产业工会地方组织

4. 工会的地方各级代表大会在特殊情况下，由（　）提议，经上一级工会批准，可以提前或延期举行。

A. 同级总工会委员会　　B. 工会主要负责人

C. 同级总工会常务委员会　　D. 同级工会主席办公会

5. 县和县以上各级工会委员会，在两次代表大会之间，认为有必要时，可以召集（　），讨论和决定需要及时解决的重大问题。

A. 地方工会代表大会　　B. 临时代表大会

C. 会员大会　　D. 代表会议

6. 各级地方总工会常务委员会在同级总工会委员会闭会期间行使（　）的职权。

A. 代表会议　　B. 委员会

C. 主席办公会　　D. 地方工会代表大会

7. 地方各级总工会的建立，必须报（　）批准。

A. 同级党委　　B. 上级党委组织部门

C. 上一级工会　　D. 同级有关行政部门

8. 下列哪项不属于基层工会的组织形式？（　）

A. 基层工会委员会　　B. 联合基层工会委员会

C. 基层工会联合委员会　　D. 农民工工会联合会

9. 京外中央企业集团和其他企业集团组建工会，按规定报企业集团（　）批准。

A. 所在地同级党委　　B. 所在地同级地方工会

C. 上一级工会　　D. 同级地方国资委

10. 建立行业工会联合会的重点是在（　）区域。

A. 县（区）及以下　　B. 县（区）及以上

C. 市及市级以下　　D. 市及市级以上

11. （　）具备民法典规定的法人条件的，依法取得社会团体法人资格。

A. 基层工会组织　　B. 地方总工会

C. 产业工会　　D. 中华全国总工会

12. 各级地方总工会委员会和产业工会委员会每届任期（　）。

A. 三年　　B. 五年

C. 三年或者五年　　D. 三年至五年

13. 工会的最高领导机关，是（　）。

A. 工会的全国代表大会

B. 工会的全国代表大会和它所产生的中华全国总工会执行委员会

C. 中华全国总工会执行委员会

D. 中华全国总工会书记处

14. 中国工会实行（　）的组织领导原则。

A. 产业和地方相结合　　B. 联合制、代表制

C. 地方党委为主　　　　D. 地方工会为主

三、多选题

1. 各级工会委员会由（　）民主选举产生。

A. 会员大会　　　　B. 会员代表大会

C. 职工代表大会　　　　D. 下级工会

2. 用人单位会员不足二十五人的，可以（　）。

A. 单独建立基层工会委员会

B. 由两个以上单位的会员联合建立基层工会委员会

C. 选举组织员或者工会主席一人，主持基层工会工作

D. 由上级工会指定负责人

3.（　）的建立，必须报上一级工会批准。

A. 基层工会　　　　B. 地方各级总工会

C. 全国产业工会组织　　　　D. 地方产业工会组织

4. 女职工委员会由同级工会委员会提名，（　）产生。

A. 在充分协商的基础上组成

B. 女职工（代表）大会选举

C. 推选

D. 会员代表大会选举

5.（　）必须经会员大会或者会员代表大会通过，并报上一级工会批准。

A. 成立工会组织　　　　B. 撤销工会组织

C. 变更工会组织名称　　　　D. 变更工会组织住所地

6. 工会的地方各级代表大会的职权是（　）。

A. 审议和批准同级总工会委员会的工作报告

B. 审议和批准同级总工会委员会的经费收支情况报告和经费审查委员会的工作报告

C. 选举同级总工会委员会和经费审查委员会

D. 选举女职工委员会

测试题参考答案

一、判断题

1. √	2. √	3. √	4. ×	5. √	6. ×
7. √	8. √	9. √	10. ×	11. √	12. √
13. ×	14. √	15. ×	16. √	17. √	18. √
19. √	20. ×	21. √	22. ×	23. √	24. ×
25. √	26. √	27. ×	28. √	29. ×	30. √

二、单选题

1. B	2. C	3. D	4. A	5. D	6. B
7. C	8. D	9. B	10. A	11. A	12. B
13. B	14. A				

三、多选题

1. AB	2. ABC	3. ABCD
4. AB	5. ABC	6. ABC

FU LU

附　录

中华人民共和国工会法

（1992 年 4 月 3 日第七届全国人民代表大会第五次会议通过　根据 2001 年 10 月 27 日第九届全国人民代表大会常务委员会第二十四次会议《关于修改〈中华人民共和国工会法〉的决定》第一次修正　根据 2009 年 8 月 27 日第十一届全国人民代表大会常务委员会第十次会议《关于修改部分法律的决定》第二次修正　根据 2021 年 12 月 24 日第十三届全国人民代表大会常务委员会第三十二次会议《关于修改〈中华人民共和国工会法〉的决定》第三次修正）

目　录

第一章　总　　则

第一条　为保障工会在国家政治、经济和社会生活中的地位，确定工会的权利与义务，发挥工会在社会主义现代化建设事业中的作用，根据宪法，制定本法。

第二条　工会是中国共产党领导的职工自愿结合的工人阶级群众组织，是中国共产党联系职工群众的桥梁和纽带。

中华全国总工会及其各工会组织代表职工的利益，依法维护职工的合法权益。

第三条　在中国境内的企业、事业单位、机关、社会组织（以下统称用人单位）中以工资收入为主要生活来源的劳动者，不分民族、种族、性别、职业、宗教信仰、教育程度，都有依法参加和组织工会的权利。任何组织和个人不得阻挠和限制。

工会适应企业组织形式、职工队伍结构、劳动关系、就业形态等方面的发展变化，依法维护劳动者参加和组织工会的权利。

第四条　工会必须遵守和维护宪法，以宪法为根本的活动准则，以经济建设为中心，坚持社会主义道路，坚持人民民主专政，坚持中国共产党的领导，坚持马克思列宁主义、毛泽东思想、邓小平理论、“三个代表”重要思想、科学发展观、习近平新时代中国特色社会主义思想，坚持改革开放，保持和增强政治性、先进性、群众性，依照工会章程独立自主地开展工作。

工会会员全国代表大会制定或者修改《中国工会章程》，章程不得与宪法和法律相抵触。

国家保护工会的合法权益不受侵犯。

第五条 工会组织和教育职工依照宪法和法律的规定行使民主权利，发挥国家主人翁的作用，通过各种途径和形式，参与管理国家事务、管理经济和文化事业、管理社会事务；协助人民政府开展工作，维护工人阶级领导的、以工农联盟为基础的人民民主专政的社会主义国家政权。

第六条 维护职工合法权益、竭诚服务职工群众是工会的基本职责。工会在维护全国人民总体利益的同时，代表和维护职工的合法权益。

工会通过平等协商和集体合同制度等，推动健全劳动关系协调机制，维护职工劳动权益，构建和谐劳动关系。

工会依照法律规定通过职工代表大会或者其他形式，组织职工参与本单位的民主选举、民主协商、民主决策、民主管理和民主监督。

工会建立联系广泛、服务职工的工会工作体系，密切联系职工，听取和反映职工的意见和要求，关心职工的生活，帮助职工解决困难，全心全意为职工服务。

第七条 工会动员和组织职工积极参加经济建设，努力完成生产任务和工作任务。教育职工不断提高思想道德、技术业务和科学文化素质，建设有理想、有道德、有文化、有纪律的职工队伍。

第八条 工会推动产业工人队伍建设改革，提高产业工人队伍整体素质，发挥产业工人骨干作用，维护产业工人合法权益，保障产业工人主人翁地位，造就一支有理想守信念、懂技术会创新、敢担当讲奉献的宏大产业工人队伍。

第九条 中华全国总工会根据独立、平等、互相尊重、互不干涉内部事务的原则，加强同各国工会组织的友好合作关系。

第二章 工 会 组 织

第十条 工会各级组织按照民主集中制原则建立。

各级工会委员会由会员大会或者会员代表大会民主选举产生。企业主要负责人的近亲属不得作为本企业基层工会委员会成员的人选。

各级工会委员会向同级会员大会或者会员代表大会负责并报告工作，接受其监督。

工会会员大会或者会员代表大会有权撤换或者罢免其所选举的代表或者工会委员会组成人员。

上级工会组织领导下级工会组织。

第十一条 用人单位有会员二十五人以上的，应当建立基层工会委员会；不足二十五人的，可以单独建立基层工会委员会，也可以由两个以上单位的会员联合建立基层工会委员会，也可以选举组织员一人，组织会员开展活动。女职工人数较多的，可以建立工会女职工委员会，在同级工会领导下开展工作；女职工人数较少的，可以在工会委员会中设女职工委员。

企业职工较多的乡镇、城市街道，可以建立基层工会的联合会。

县级以上地方建立地方各级总工会。

同一行业或者性质相近的几个行业，可以根据需要建立全国的或者地方的产业工会。

全国建立统一的中华全国总工会。

第十二条　基层工会、地方各级总工会、全国或者地方产业工会组织的建立，必须报上一级工会批准。

上级工会可以派员帮助和指导企业职工组建工会，任何单位和个人不得阻挠。

第十三条　任何组织和个人不得随意撤销、合并工会组织。

基层工会所在的用人单位终止或者被撤销，该工会组织相应撤销，并报告上一级工会。

依前款规定被撤销的工会，其会员的会籍可以继续保留，具体管理办法由中华全国总工会制定。

第十四条　职工二百人以上的企业、事业单位、社会组织的工会，可以设专职工会主席。工会专职工作人员的人数由工会与企业、事业单位、社会组织协商确定。

第十五条　中华全国总工会、地方总工会、产业工会具有社会团体法人资格。

基层工会组织具备民法典规定的法人条件的，依法取得社会团体法人资格。

第十六条　基层工会委员会每届任期三年或者五年。各级地方总工会委员会和产业工会委员会每届任期五年。

第十七条　基层工会委员会定期召开会员大会或者会员代表大会，讨论决定工会工作的重大问题。经基层工会委员会或者三分之一以上的工会会员提议，可以临时召开会员大会或者会员代表大会。

第十八条 工会主席、副主席任期未满时，不得随意调动其工作。因工作需要调动时，应当征得本级工会委员会和上一级工会的同意。

罢免工会主席、副主席必须召开会员大会或者会员代表大会讨论，非经会员大会全体会员或者会员代表大会全体代表过半数通过，不得罢免。

第十九条 基层工会专职主席、副主席或者委员自任职之日起，其劳动合同期限自动延长，延长期限相当于其任职期间；非专职主席、副主席或者委员自任职之日起，其尚未履行的劳动合同期限短于任期的，劳动合同期限自动延长至任期期满。但是，任职期间个人严重过失或者达到法定退休年龄的除外。

第三章　工会的权利和义务

第二十条 企业、事业单位、社会组织违反职工代表大会制度和其他民主管理制度，工会有权要求纠正，保障职工依法行使民主管理的权利。

法律、法规规定应当提交职工大会或者职工代表大会审议、通过、决定的事项，企业、事业单位、社会组织应当依法办理。

第二十一条 工会帮助、指导职工与企业、实行企业化管理的事业单位、社会组织签订劳动合同。

工会代表职工与企业、实行企业化管理的事业单位、社会组织进行平等协商，依法签订集体合同。集体合同草案应当提交职工代表大会或者全体职工讨论通过。

工会签订集体合同，上级工会应当给予支持和帮助。

企业、事业单位、社会组织违反集体合同，侵犯职工劳动权益的，工会可以依法要求企业、事业单位、社会组织予以改正并承担责任；因履行集体合同发生争议，经协商解决不成的，工会可以向劳动争议仲裁机构提请仲裁，仲裁机构不予受理或者对仲裁裁决不服的，可以向人民法院提起诉讼。

第二十二条 企业、事业单位、社会组织处分职工，工会认为不适当的，有权提出意见。

用人单位单方面解除职工劳动合同时，应当事先将理由通知工会，工会认为用人单位违反法律、法规和有关合同，要求重新研究处理时，用人单位应当研究工会的意见，并将处理结果书面通知工会。

职工认为用人单位侵犯其劳动权益而申请劳动争议仲裁或者向人民法院提起诉讼的，工会应当给予支持和帮助。

第二十三条 企业、事业单位、社会组织违反劳动法律法规规定，有下列侵犯职工劳动权益情形，工会应当代表职工与企业、事业单位、社会组织交涉，要求企业、事业单位、社会组织采取措施予以改正；企业、事业单位、社会组织应当予以研究处理，并向工会作出答复；企业、事业单位、社会组织拒不改正的，工会可以提请当地人民政府依法作出处理：

（一）克扣、拖欠职工工资的；

（二）不提供劳动安全卫生条件的；

（三）随意延长劳动时间的；

（四）侵犯女职工和未成年工特殊权益的；

（五）其他严重侵犯职工劳动权益的。

第二十四条 工会依照国家规定对新建、扩建企业和技术改造工程中的劳动条件和安全卫生设施与主体工程同时设计、同时施工、同时投产使用进行监督。对工会提出的意见，企业或者主管部门应当认真处理，并将处理结果书面通知工会。

第二十五条 工会发现企业违章指挥、强令工人冒险作业，或者生产过程中发现明显重大事故隐患和职业危害，有权提出解决的建议，企业应当及时研究答复；发现危及职工生命安全的情况时，工会有权向企业建议组织职工撤离危险现场，企业必须及时作出处理决定。

第二十六条 工会有权对企业、事业单位、社会组织侵犯职工合法权益的问题进行调查，有关单位应当予以协助。

第二十七条 职工因工伤亡事故和其他严重危害职工健康问题的调查处理，必须有工会参加。工会应当向有关部门提出处理意见，并有权要求追究直接负责的主管人员和有关责任人员的责任。对工会提出的意见，应当及时研究，给予答复。

第二十八条 企业、事业单位、社会组织发生停工、怠工事件，工会应当代表职工同企业、事业单位、社会组织或者有关方面协商，反映职工的意见和要求并提出解决意见。对于职工的合理要求，企业、事业单位、社会组织应当予以解决。工会协助企业、事业单位、社会组织做好工作，尽快恢复生产、工作秩序。

第二十九条 工会参加企业的劳动争议调解工作。

地方劳动争议仲裁组织应当有同级工会代表参加。

第三十条 县级以上各级总工会依法为所属工会和职工提

供法律援助等法律服务。

第三十一条　工会协助用人单位办好职工集体福利事业，做好工资、劳动安全卫生和社会保险工作。

第三十二条　工会会同用人单位加强对职工的思想政治引领，教育职工以国家主人翁态度对待劳动，爱护国家和单位的财产；组织职工开展群众性的合理化建议、技术革新、劳动和技能竞赛活动，进行业余文化技术学习和职工培训，参加职业教育和文化体育活动，推进职业安全健康教育和劳动保护工作。

第三十三条　根据政府委托，工会与有关部门共同做好劳动模范和先进生产（工作）者的评选、表彰、培养和管理工作。

第三十四条　国家机关在组织起草或者修改直接涉及职工切身利益的法律、法规、规章时，应当听取工会意见。

县级以上各级人民政府制定国民经济和社会发展计划，对涉及职工利益的重大问题，应当听取同级工会的意见。

县级以上各级人民政府及其有关部门研究制定劳动就业、工资、劳动安全卫生、社会保险等涉及职工切身利益的政策、措施时，应当吸收同级工会参加研究，听取工会意见。

第三十五条　县级以上地方各级人民政府可以召开会议或者采取适当方式，向同级工会通报政府的重要的工作部署和与工会工作有关的行政措施，研究解决工会反映的职工群众的意见和要求。

各级人民政府劳动行政部门应当会同同级工会和企业方面代表，建立劳动关系三方协商机制，共同研究解决劳动关系方面的重大问题。

第四章 基层工会组织

第三十六条 国有企业职工代表大会是企业实行民主管理的基本形式，是职工行使民主管理权力的机构，依照法律规定行使职权。

国有企业的工会委员会是职工代表大会的工作机构，负责职工代表大会的日常工作，检查、督促职工代表大会决议的执行。

第三十七条 集体企业的工会委员会，应当支持和组织职工参加民主管理和民主监督，维护职工选举和罢免管理人员、决定经营管理的重大问题的权力。

第三十八条 本法第三十六条、第三十七条规定以外的其他企业、事业单位的工会委员会，依照法律规定组织职工采取与企业、事业单位相适应的形式，参与企业、事业单位民主管理。

第三十九条 企业、事业单位、社会组织研究经营管理和发展的重大问题应当听取工会的意见；召开会议讨论有关工资、福利、劳动安全卫生、工作时间、休息休假、女职工保护和社会保险等涉及职工切身利益的问题，必须有工会代表参加。

企业、事业单位、社会组织应当支持工会依法开展工作，工会应当支持企业、事业单位、社会组织依法行使经营管理权。

第四十条 公司的董事会、监事会中职工代表的产生，依照公司法有关规定执行。

第四十一条 基层工会委员会召开会议或者组织职工活动，

应当在生产或者工作时间以外进行，需要占用生产或者工作时间的，应当事先征得企业、事业单位、社会组织的同意。

基层工会的非专职委员占用生产或者工作时间参加会议或者从事工会工作，每月不超过三个工作日，其工资照发，其他待遇不受影响。

第四十二条 用人单位工会委员会的专职工作人员的工资、奖励、补贴，由所在单位支付。社会保险和其他福利待遇等，享受本单位职工同等待遇。

第五章 工会的经费和财产

第四十三条 工会经费的来源：

（一）工会会员缴纳的会费；

（二）建立工会组织的用人单位按每月全部职工工资总额的百分之二向工会拨缴的经费；

（三）工会所属的企业、事业单位上缴的收入；

（四）人民政府的补助；

（五）其他收入。

前款第二项规定的企业、事业单位、社会组织拨缴的经费在税前列支。

工会经费主要用于为职工服务和工会活动。经费使用的具体办法由中华全国总工会制定。

第四十四条 企业、事业单位、社会组织无正当理由拖延或者拒不拨缴工会经费，基层工会或者上级工会可以向当地人民法院申请支付令；拒不执行支付令的，工会可以依法申请人民法院强制执行。

第四十五条 工会应当根据经费独立原则，建立预算、决算和经费审查监督制度。

各级工会建立经费审查委员会。

各级工会经费收支情况应当由同级工会经费审查委员会审查，并且定期向会员大会或者会员代表大会报告，接受监督。工会会员大会或者会员代表大会有权对经费使用情况提出意见。

工会经费的使用应当依法接受国家的监督。

第四十六条 各级人民政府和用人单位应当为工会办公和开展活动，提供必要的设施和活动场所等物质条件。

第四十七条 工会的财产、经费和国家拨给工会使用的不动产，任何组织和个人不得侵占、挪用和任意调拨。

第四十八条 工会所属的为职工服务的企业、事业单位，其隶属关系不得随意改变。

第四十九条 县级以上各级工会的离休、退休人员的待遇，与国家机关工作人员同等对待。

第六章 法律责任

第五十条 工会对违反本法规定侵犯其合法权益的，有权提请人民政府或者有关部门予以处理，或者向人民法院提起诉讼。

第五十一条 违反本法第三条、第十二条规定，阻挠职工依法参加和组织工会或者阻挠上级工会帮助、指导职工筹建工会的，由劳动行政部门责令其改正；拒不改正的，由劳动行政部门提请县级以上人民政府处理；以暴力、威胁等手段阻挠造成严重后果，构成犯罪的，依法追究刑事责任。

第五十二条 违反本法规定，对依法履行职责的工会工作人员无正当理由调动工作岗位，进行打击报复的，由劳动行政部门责令改正、恢复原工作；造成损失的，给予赔偿。

对依法履行职责的工会工作人员进行侮辱、诽谤或者进行人身伤害，构成犯罪的，依法追究刑事责任；尚未构成犯罪的，由公安机关依照治安管理处罚法的规定处罚。

第五十三条 违反本法规定，有下列情形之一的，由劳动行政部门责令恢复其工作，并补发被解除劳动合同期间应得的报酬，或者责令给予本人年收入二倍的赔偿：

（一）职工因参加工会活动而被解除劳动合同的；

（二）工会工作人员因履行本法规定的职责而被解除劳动合同的。

第五十四条 违反本法规定，有下列情形之一的，由县级以上人民政府责令改正，依法处理：

（一）妨碍工会组织职工通过职工代表大会和其他形式依法行使民主权利的；

（二）非法撤销、合并工会组织的；

（三）妨碍工会参加职工因工伤亡事故以及其他侵犯职工合法权益问题的调查处理的；

（四）无正当理由拒绝进行平等协商的。

第五十五条 违反本法第四十七条规定，侵占工会经费和财产拒不返还的，工会可以向人民法院提起诉讼，要求返还，并赔偿损失。

第五十六条 工会工作人员违反本法规定，损害职工或者工会权益的，由同级工会或者上级工会责令改正，或者予以处分；情节严重的，依照《中国工会章程》予以罢免；造成损失的，应当承担赔偿责任；构成犯罪的，依法追究刑事责任。

第七章 附 则

第五十七条 中华全国总工会会同有关国家机关制定机关工会实施本法的具体办法。

第五十八条 本法自公布之日起施行。1950 年 6 月 29 日中央人民政府颁布的《中华人民共和国工会法》同时废止。

中国工会章程

（中国工会第十八次全国代表大会部分修改，2023 年 10 月 12 日通过）

总 则

中国工会是中国共产党领导的职工自愿结合的工人阶级群众组织，是党联系职工群众的桥梁和纽带，是国家政权的重要社会支柱，是会员和职工利益的代表。

中国工会以宪法为根本活动准则，按照《中华人民共和国工会法》和本章程独立自主地开展工作，依法行使权利和履行义务。

工人阶级是我国的领导阶级，是先进生产力和生产关系的代表，是中国共产党最坚实最可靠的阶级基础，是改革开放和社会主义现代化建设的主力军，是维护社会安定的强大而集中的社会力量。中国工会高举中国特色社会主义伟大旗帜，坚持马克思列宁主义、毛泽东思想、邓小平理论、“三个代表”重要思想、科学发展观，全面贯彻习近平新时代中国特色社会主义思想，贯彻执行党的以经济建设为中心，坚持四项基本原则，坚持改革开放的基本路线，保持和增强政治性、先进性、群众性，坚定不移地走中国特色社会主义工会发展道路，推动党的全心全意依靠工人阶级的根本指导方针的贯彻落实，全面履行工会的社会职能，在维护全国人民总体利益的同时，更好地表达和维护职工的具体利益，团结和动员全国职工自力更生、艰苦创业，坚持和发展中国特色社会主义，为全面建成社会主义现代化强国、实现第二个百年奋斗目标，以中国式现代化全面推进中华民族伟大复兴而奋斗。

中国工会坚持自觉接受中国共产党的领导，承担团结引导职工群众听党话、跟党走的政治责任，巩固和扩大党执政的阶级基础和群众基础。

中国工会的基本职责是维护职工合法权益、竭诚服务职工群众。

中国工会按照中国特色社会主义事业“五位一体”总体布局和“四个全面”战略布局，贯彻创新、协调、绿色、开放、共享的新发展理念，把握为实现中华民族伟大复兴的中国梦而奋斗的工人运动时代主题，弘扬劳模精神、劳动精神、工匠精神，动员和组织职工积极参加建设和改革，努力促进经济、政治、文化、社会和生态文明建设；发展全过程人民民主，代表和组织职工参与管理国家事务、管理经济和文化事业、管理社会事务，参与企业、事业单位、机关、社会组织的民主管理；教育职工践行社会主义核心价值观，不断提高思想道德素质、科学文化素质和技术技能素质，建设有理想、有道德、有文化、有纪律的职工队伍，不断发展工人阶级先进性。

中国工会以忠诚党的事业、竭诚服务职工为己任，坚持组织起来、切实维权的工作方针，坚持以职工为本、主动依法科学维权的维权观，促进完善社会主义劳动法律，维护职工的经济、政治、文化和社会权利，参与协调劳动关系和社会利益关系，推动构建和谐劳动关系，促进经济高质量发展和社会的长期稳定，维护工人阶级和工会组织的团结统一，为构建社会主义和谐社会作贡献。

中国工会维护工人阶级领导的、以工农联盟为基础的人民民主专政的社会主义国家政权，协助人民政府开展工作，依法发挥民主参与和社会监督作用。

中国工会推动产业工人队伍建设改革，强化产业工人思想政治引领，提高产业工人队伍整体素质，发挥产业工人骨干作用，维护产业工人合法权益，保障产业工人主人翁地位，造就一支有理想守信念、懂技术会创新、敢担当讲奉献的宏大产业工人队伍。

中国工会在企业、事业单位、社会组织中，按照促进企事业和社会组织发展、维护职工权益的原则，支持行政依法行使管理权力，组织职工参与本单位民主选举、民主协商、民主决策、民主管理和民主监督，与行政方面建立协商制度，保障职工的合法权益，调动职工的积极性，促进企业、事业单位、社会组织的发展。

中国工会实行产业和地方相结合的组织领导原则，坚持民主集中制。

中国工会坚持以改革创新精神加强自身建设，健全联系广泛、服务职工的工作体系，增强团结教育、维护权益、服务职工的功能，坚持群众化、民主化，保持同会员群众的密切联系，依靠会员群众开展工会工作。各级工会领导机关坚持把工作重点放到基层，着力扩大覆盖面、增强代表性，着力强化服务意识、提高维权能力，着力加强队伍建设、提升保障水平，坚持服务职工群众的工作生命线，全心全意为基层、为职工服务，构建智慧工会，增强基层工会的吸引力凝聚力战斗力，把工会组织建设得更加充满活力、更加坚强有力，成为深受职工群众信赖的学习型、服务型、创新型“职工之家”。

工会兴办的企业、事业单位，坚持公益性、服务性，坚持为改革开放和发展社会生产力服务，为职工群众服务，为推进工运事业服务。

中国工会努力巩固和发展工农联盟，坚持最广泛的爱国统一战线，加强包括香港特别行政区同胞、澳门特别行政区同胞、台湾同胞和海外侨胞在内的全国各族人民的大团结，促进祖国的统一、繁荣和富强。

中国工会在国际事务中坚持独立自主、互相尊重、求同存异、加强合作、增进友谊的方针，在独立、平等、互相尊重、互不干涉内部事务的原则基础上，广泛建立和发展同国际和各国工会组织的友好关系，积极参与“一带一路”建设，增进我国工人阶级同各国工人阶级的友谊，同全世界工人和工会一起，在推动构建人类命运共同体中发挥作用，为世界的和平、发展、合作、工人权益和社会进步而共同努力。

中国工会深入学习贯彻习近平总书记关于党的建设的重要思想，落实新时代党的建设总要求，贯彻全面从严治党战略方针，以党的政治建设为统领，加强党的建设，深刻领悟“两个确立”的决定性意义，增强“四个意识”、坚定“四个自信”、做到“两个维护”，在思想上政治上行动上同以习近平同志为核心的党中央保持高度一致。

第一章　会　　员

第一条　凡在中国境内的企业、事业单位、机关、社会组织中，以工资收入为主要生活来源或者与用人单位建立劳动关系的劳动者，不分民族、种族、性别、职业、宗教信仰、教育程度，承认工会章程，都可以加入工会为会员。

工会适应企业组织形式、职工队伍结构、劳动关系、就业形态等方面的发展变化，依法维护劳动者参加和组织工会的权利。

第二条　职工加入工会，由本人自愿申请，经基层工会委员会批准并发给会员证。

第三条 会员享有以下权利：

（一）选举权、被选举权和表决权。

（二）对工会工作进行监督，提出意见和建议，要求撤换或者罢免不称职的工会工作人员。

（三）对国家和社会生活问题及本单位工作提出批评与建议，要求工会组织向有关方面如实反映。

（四）在合法权益受到侵犯时，要求工会给予保护。

（五）工会提供的文化、教育、体育、旅游、疗休养、互助保障、生活救助、法律服务、就业服务等优惠待遇；工会给予的各种奖励。

（六）在工会会议和工会媒体上，参加关于工会工作和职工关心问题的讨论。

第四条 会员履行下列义务：

（一）认真学习贯彻习近平新时代中国特色社会主义思想，学习政治、经济、文化、法律、科技和工会基本知识等。

（二）积极参加民主管理，努力完成生产和工作任务，立足本职岗位建功立业。

（三）遵守宪法和法律，践行社会主义核心价值观，弘扬中华民族传统美德，恪守社会公德、职业道德、家庭美德、个人品德，遵守劳动纪律。

（四）正确处理国家、集体、个人三者利益关系，向危害国家、社会利益的行为作斗争。

（五）维护中国工人阶级和工会组织的团结统一，发扬阶级友爱，搞好互助互济。

（六）遵守工会章程，执行工会决议，参加工会活动，按月交纳会费。

第五条 会员组织关系随劳动（工作）关系变动，凭会员证明接转。

第六条 会员有退会自由。会员退会由本人向工会小组提出，由基层工会委员会宣布其退会并收回会员证。

会员没有正当理由连续六个月不交纳会费、不参加工会组织生活，经教育拒不改正，应当视为自动退会。

第七条 对不执行工会决议、违反工会章程的会员，给予批评教育。对严重违法犯罪并受到刑事处罚的会员，开除会籍。开除会员会籍，须经工会小组讨论，提出意见，由基层工会委员会决定，报上一级工会备案。

第八条 会员离休、退休和失业，可保留会籍。保留会籍期间免交会费。

工会组织要关心离休、退休和失业会员的生活，积极向有关方面反映他们的愿望和要求。

第二章 组织制度

第九条 中国工会实行民主集中制，主要内容是：

（一）个人服从组织，少数服从多数，下级组织服从上级组织。

（二）工会的各级领导机关，除它们派出的代表机关外，都由民主选举产生。

（三）工会的最高领导机关，是工会的全国代表大会和它所产生的中华全国总工会执行委员会。工会的地方各级领导机关，是工会的地方各级代表大会和它所产生的总工会委员会。

（四）工会各级委员会，向同级会员大会或者会员代表大会负责并报告工作，接受会员监督。会员大会和会员代表大会有权撤换或者罢免其所选举的代表和工会委员会组成人员。

（五）工会各级委员会，实行集体领导和分工负责相结合的制度。凡属重大问题由委员会民主讨论，作出决定，委员会成员根据集体的决定和分工，履行自己的职责。

（六）工会各级领导机关，加强对下级组织的领导和服务，经常向下级组织通报情况，听取下级组织和会员的意见，研究和解决他们提出的问题。下级组织应及时向上级组织请示报告工作。

第十条　工会各级代表大会的代表和委员会的产生，要充分体现选举人的意志。候选人名单，要反复酝酿，充分讨论。选举采用无记名投票方式，可以直接采用候选人数多于应选人数的差额选举办法进行正式选举，也可以先采用差额选举办法进行预选，产生候选人名单，然后进行正式选举。任何组织和个人，不得以任何方式强迫选举人选举或不选举某个人。

第十一条　中国工会实行产业和地方相结合的组织领导原则。同一企业、事业单位、机关、社会组织中的会员，组织在一个基层工会组织中；同一行业或者性质相近的几个行业，根据需要建立全国的或者地方的产业工会组织。除少数行政管理体制实行垂直管理的产业，其产业工会实行产业工会和地方工会双重领导，以产业工会领导为主外，其他产业工会均实行以地方工会领导为主，同时接受上级产业工会领导的体制。各产业工会的领导体制，由中华全国总工会确定。

省、自治区、直辖市，设区的市和自治州，县（旗）、自治县、不设区的市建立地方总工会。地方总工会是当地地方工会组织和产业工会地方组织的领导机关。全国建立统一的中华全国总工会。中华全国总工会是各级地方总工会和各产业工会全国组织的领导机关。

中华全国总工会执行委员会委员和产业工会全国委员会委员实行替补制，各级地方总工会委员会委员和地方产业工会委员会委员，也可以实行替补制。

第十二条　县和县以上各级地方总工会委员会，根据工作需要可以派出代表机关。

县和县以上各级工会委员会，在两次代表大会之间，认为有必要时，可以召集代表会议，讨论和决定需要及时解决的重大问题。代表会议代表的名额和产生办法，由召集代表会议的总工会决定。

全国产业工会、各级地方产业工会、乡镇工会、城市街道工会和区域性、行业性工会联合会的委员会，可以按照联合制、代表制原则，由下一级工会组织民主选举的主要负责人和适当比例的有关方面代表组成。

上级工会可以派员帮助和指导用人单位的职工组建工会。

第十三条　各级工会代表大会选举产生同级经费审查委员会。中华全国总工会经费审查委员会设常务委员会，省、自治区、直辖市总工会经费审查委员会和独立管理经费的全国产业工会经费审查委员会，应当设常务委员会。经费审查委员会负责审查同级工会组织及其直属企业、事业单位的经费收支和资产管理情况，监督财经法纪的贯彻执行和工会经费的使用，并接受上级工会经费审查委员会的指导和监督。工会经费审查委员会向同级会员大会或会员代表大会负责并报告工作；在大会闭会期间，向同级工会委员会负责并报告工作。

上级经费审查委员会应当对下一级工会及其直属企业、事业单位的经费收支和资产管理情况进行审查。

中华全国总工会经费审查委员会委员实行替补制，各级地方总工会经费审查委员会委员和独立管理经费的产业工会经费审查委员会委员，也可以实行替补制。

第十四条　各级工会建立女职工委员会，表达和维护女职工的合法权益。女职工委员会由同级工会委员会提名，在充分协商的基础上组成或者选举产生，女职工委员会与工会委员会同时建立，在同级工会委员会领导下开展工作。企业工会女职工委员会是县或者县以上妇联的团体会员，通过县以上地方工会接受妇联的业务指导。

第十五条　县和县以上各级工会组织应当建立法律服务机构，为保护职工和工会组织的合法权益提供服务。

各级工会组织应当组织和代表职工开展劳动法律监督。

第十六条　成立或者撤销工会组织，必须经会员大会或者会员代表大会通过，并报上一级工会批准。基层工会组织所在的企业终止，或者所在的事业单位、机关、社会组织被撤销，该工会组织相应撤销，并报上级工会备案。其他组织和个人不得随意撤销工会组织，也不得把工会组织的机构撤销、合并或者归属其他工作部门。

第三章　全国组织

第十七条　中国工会全国代表大会，每五年举行一次，由中华全国总工会执行委员会召集。在特殊情况下，由中华全国总工会执行委员会主席团提议，经执行委员会全体会议通过，可以提前或者延期举行。代表名额和代表选举办法由中华全国总工会决定。

第十八条　中国工会全国代表大会的职权是：

（一）审议和批准中华全国总工会执行委员会的工作报告。

（二）审议和批准中华全国总工会执行委员会的经费收支情况报告和经费审查委员会的工作报告。

（三）修改中国工会章程。

（四）选举中华全国总工会执行委员会和经费审查委员会。

第十九条　中华全国总工会执行委员会，在全国代表大会闭会期间，负责贯彻执行全国代表大会的决议，领导全国工会工作。

执行委员会全体会议选举主席一人、副主席若干人、主席团委员若干人，组成主席团。

执行委员会全体会议由主席团召集，每年至少举行一次。

第二十条　中华全国总工会执行委员会全体会议闭会期间，由主席团行使执行委员会的职权。主席团全体会议，由主席召集。

主席团闭会期间，由主席、副主席组成的主席会议行使主席团职权。主席会议由中华全国总工会主席召集并主持。

主席团下设书记处，由主席团在主席团成员中推选第一书记一人，书记若干人组成。书记处在主席团领导下，主持中华全国总工会的日常工作。

第二十一条 产业工会全国组织的设置，由中华全国总工会根据需要确定。

产业工会全国委员会的建立，经中华全国总工会批准，可以按照联合制、代表制原则组成，也可以由产业工会全国代表大会选举产生。全国委员会每届任期五年。任期届满，应当如期召开会议，进行换届选举。在特殊情况下，经中华全国总工会批准，可以提前或者延期举行。

产业工会全国代表大会和按照联合制、代表制原则组成的产业工会全国委员会全体会议的职权是：审议和批准产业工会全国委员会的工作报告；选举产业工会全国委员会或者产业工会全国委员会常务委员会。独立管理经费的产业工会，选举经费审查委员会，并向产业工会全国代表大会或者委员会全体会议报告工作。产业工会全国委员会常务委员会由主席一人、副主席若干人、常务委员若干人组成。

第四章 地方组织

第二十二条 省、自治区、直辖市，设区的市和自治州，县（旗）、自治县、不设区的市的工会代表大会，由同级总工会委员会召集，每五年举行一次。在特殊情况下，由同级总工会委员会提议，经上一级工会批准，可以提前或者延期举行。工会的地方各级代表大会的职权是：

（一）审议和批准同级总工会委员会的工作报告。

（二）审议和批准同级总工会委员会的经费收支情况报告和经费审查委员会的工作报告。

（三）选举同级总工会委员会和经费审查委员会。

各级地方总工会委员会，在代表大会闭会期间，执行上级工会的决定和同级工会代表大会的决议，领导本地区的工会工作，定期向上级总工会委员会报告工作。

根据工作需要，省、自治区总工会可在地区设派出代表机关。直辖市和设区的市总工会在区一级建立总工会。

县和城市的区可在乡镇和街道建立乡镇工会和街道工会组织，具备条件的，建立总工会。

第二十三条 各级地方总工会委员会选举主席一人、副主席若干人、常务委员若干人，组成常务委员会。工会委员会、常务委员会和主席、副主席以及经费审查委员会的选举结果，报上一级总工会批准。

各级地方总工会委员会全体会议，每年至少举行一次，由常务委员会召集。各级地方总工会常务委员会，在委员会全体会议闭会期间，行使委员会的职权。

第二十四条 各级地方产业工会组织的设置，由同级地方总工会根据本地区的实际情况确定。

第五章 基层组织

第二十五条 企业、事业单位、机关、社会组织等基层单位，应当依法建立工会组织。社区和行政村可以建立工会组织。从实际出发，建立区域性、行业性工会联合会，推进新经济组织、新社会组织工会组织建设。

有会员二十五人以上的，应当成立基层工会委员会；不足二十五人的，可以单独建立基层工会委员会，也可以由两个以上单位的会员联合建立基层工会委员会，也可以选举组织员或者工会主席一人，主持基层工会工作。基层工会委员会有女会员十人以上的建立女职工委员会，不足十人的设女职工委员。

职工二百人以上企业、事业单位、社会组织的工会设专职工会主席。工会专职工作人员的人数由工会与企业、事业单位、社会组织协商确定。

基层工会组织具备民法典规定的法人条件的，依法取得社会团体法人资格，工会主席为法定代表人。

第二十六条 基层工会会员大会或者会员代表大会，每年至少召开一次。经基层工会委员会或者三分之一以上的工会会员提议，可以临时召开会员大会或者会员代表大会。工会会员在一百人以下的基层工会应当召开会员大会。

工会会员大会或者会员代表大会的职权是：

（一）审议和批准基层工会委员会的工作报告。

（二）审议和批准基层工会委员会的经费收支情况报告和经费审查委员会的工作报告。

（三）选举基层工会委员会和经费审查委员会。

（四）撤换或者罢免其所选举的代表或者工会委员会组成人员。

（五）讨论决定工会工作的重大问题。

基层工会委员会和经费审查委员会每届任期三年或者五年，具体任期由会员大会或者会员代表大会决定。任期届满，应当如期召开会议，进行换届选举。在特殊情况下，经上一级工会批准，可以提前或者延期举行。

会员代表大会的代表实行常任制，任期与本单位工会委员会相同。

第二十七条 基层工会委员会的委员，应当在会员或者会员代表充分酝酿协商的基础上选举产生；主席、副主席，可以由会员大会或者会员代表大会直接选举产生，也可以由基层工会委员会选举产生。大型企业、事业单位的工会委员会，根据工作需要，经上级工会委员会批准，可以设立常务委员会。基层工会委员会、常务委员会和主席、副主席以及经费审查委员会的选举结果，报上一级工会批准。

第二十八条 基层工会委员会的基本任务是：

（一）执行会员大会或者会员代表大会的决议和上级工会的决定，主持基层工会的日常工作。

（二）代表和组织职工依照法律规定，通过职工代表大会、厂务公开和其他形式，参与本单位民主选举、民主协商、民主决策、民主管理和民主监督，保障职工知情权、参与权、表达权和监督权，在公司制企业落实职工董事、职工监事制度。企业、事业单位工会委员会是职工代表大会工作机构，负责职工代表大会的日常工作，检查、督促职工代表大会决议的执行。

（三）参与协调劳动关系和调解劳动争议，与企业、事业单位、社会组织行政方面建立协商制度，协商解决涉及职工切身利益问题。帮助和指导职工与企业、事业单位、社会组织行政方面签订和履行劳动合同，代表职工与企业、事业单位、社会组织行政方面签订集体合同或者其他专项协议，并监督执行。

（四）组织职工开展劳动和技能竞赛、合理化建议、技能培训、技术革新和技术协作等活动，培育工匠、高技能人才，总结推广先进经验。做好劳动模范和先进生产（工作）者的评选、表彰、培养和管理服务工作。

（五）加强对职工的政治引领和思想教育，开展法治宣传教育，重视人文关怀和心理疏导，鼓励支持职工学习文化科学技术和管理知识，开展健康的文化体育活动。推进企业文化职工文化建设，办好工会文化、教育、体育事业。

（六）监督有关法律、法规的贯彻执行。协助和督促行政方面做好工资、安全生产、职业病防治和社会保险等方面的工作，推动落实职工福利待遇。办好职工集体福利事业，改善职工生活，对困难职工开展帮扶。依法参与生产安全事故和职业病危害事故的调查处理。

（七）维护女职工的特殊权益，同歧视、虐待、摧残、迫害女职工的现象作斗争。

（八）搞好工会组织建设，健全民主制度和民主生活。建立和发展工会积极分子队伍。做好会员的发展、接收、教育和会籍管理工作。加强职工之家建设。

（九）收好、管好、用好工会经费，管理好工会资产和工会的企业、事业。

第二十九条 教育、科研、文化、卫生、体育等事业单位和机关工会，从脑力劳动者比较集中的特点出发开展工作，积极了解和关心职工的思想、工作和生活，推动党的知识分子政策的贯彻落实。组织职工搞好本单位的民主选举、民主协商、民主决策、民主管理和民主监督，为发挥职工的聪明才智创造良好的条件。

第三十条 基层工会委员会根据工作需要，可以在分厂、车间（科室）建立分厂、车间（科室）工会委员会。分厂、车间（科室）工会委员会由分厂、车间（科室）会员大会或者会员代表大会选举产生，任期和基层工会委员会相同。

基层工会委员会和分厂、车间（科室）工会委员会，可以根据需要设若干专门委员会或者专门小组。

按照生产（行政）班组建立工会小组，民主选举工会小组长，积极开展工会小组活动。

第六章 工 会 干 部

第三十一条 各级工会组织按照革命化、年轻化、知识化、专业化的要求，落实新时代好干部标准，努力建设一支坚持党的基本路线，熟悉本职业务，热爱工会工作，受到职工信赖的干部队伍。

第三十二条 工会干部要努力做到：

（一）认真学习马克思列宁主义、毛泽东思想、邓小平理论、“三个代表”重要思想、科学发展观、习近平新时代中国特色社会主义思想，学习党的基本知识和党的历史，学习政治、经济、历史、文化、法律、科技和工会业务等知识，提高政治能力、思维能力、实践能力，增强推动高质量发展本领、服务群众本领、防范化解风险本领。

（二）执行党的基本路线和各项方针政策，遵守国家法律、法规，在改革开放和社会主义现代化建设中勇于开拓创新。

（三）信念坚定，忠于职守，勤奋工作，敢于担当，廉洁奉公，顾全大局，维护团结。

（四）坚持实事求是，认真调查研究，如实反映职工的意见、愿望和要求。

（五）坚持原则，不谋私利，热心为职工说话办事，依法维护职工的合法权益。

（六）作风民主，联系群众，增强群众意识和群众感情，自觉接受职工群众的批评和监督。

第三十三条　各级工会组织根据有关规定管理工会干部，重视发现培养和选拔优秀年轻干部、女干部、少数民族干部，成为培养干部的重要基地。

基层工会主席、副主席任期未满不得随意调动其工作。因工作需要调动时，应事先征得本级工会委员会和上一级工会同意。

县和县以上工会可以为基层工会选派、聘用社会化工会工作者等工作人员。

第三十四条 各级工会组织建立与健全干部培训制度。办好工会干部院校和各种培训班。

第三十五条 各级工会组织关心工会干部的思想、学习和生活，督促落实相应的待遇，支持他们的工作，坚决同打击报复工会干部的行为作斗争。

县和县以上工会设立工会干部权益保障金，保障工会干部依法履行职责。

第七章 工会经费和资产

第三十六条 工会经费的来源：

（一）会员交纳的会费。

（二）企业、事业单位、机关、社会组织按全部职工工资总额的百分之二向工会拨缴的经费或者建会筹备金。

（三）工会所属的企业、事业单位上缴的收入。

（四）人民政府和企业、事业单位、机关、社会组织的补助。

（五）其他收入。

第三十七条 工会经费主要用于为职工服务和开展工会活动。各级工会组织应坚持正确使用方向，加强预算管理，优化支出结构，开展监督检查。

第三十八条 县和县以上各级工会应当与税务、财政等有关部门合作，依照规定做好工会经费收缴和应当由财政负担的工会经费拨缴工作。

未成立工会的企业、事业单位、机关、社会组织，按工资总额的百分之二向上级工会拨缴工会建会筹备金。

具备社会团体法人资格的工会应当依法设立独立经费账户。

第三十九条　工会资产是社会团体资产，中华全国总工会对各级工会的资产拥有终极所有权。各级工会依法依规加强对工会资产的监督、管理，保护工会资产不受损害，促进工会资产保值增值。根据经费独立原则，建立预算、决算、资产监管和经费审查监督制度。实行“统一领导、分级管理”的财务体制、“统一所有、分级监管、单位使用”的资产监管体制和“统一领导、分级管理、分级负责、下审一级”的经费审查监督体制。工会经费、资产的管理和使用办法以及工会经费审查监督制度，由中华全国总工会制定。

第四十条　各级工会委员会按照规定编制和审批预算、决算，定期向会员大会或者会员代表大会和上一级工会委员会报告经费收支和资产管理情况，接受上级和同级工会经费审查委员会审查监督。

第四十一条　工会经费、资产和国家及企业、事业单位等拨给工会的不动产和拨付资金形成的资产受法律保护，任何单位和个人不得侵占、挪用和任意调拨；不经批准，不得改变工会所属企业、事业单位的隶属关系和产权关系。

工会组织合并，其经费资产归合并后的工会所有；工会组织撤销或者解散，其经费资产由上级工会处置。

第八章　会　　徽

第四十二条　中国工会会徽，选用汉字“中”、“工”两字，经艺术造型呈圆形重叠组成，并在两字外加一圆线，象征中国工会和中国工人阶级的团结统一。会徽的制作标准，由中华全国总工会规定。

第四十三条 中国工会会徽，可在工会办公地点、活动场所、会议会场悬挂，可作为纪念品、办公用品上的工会标志，也可以作为徽章佩戴。

第九章 附 则

第四十四条 本章程解释权属于中华全国总工会。

中华全国总工会印发《关于地方工会召开代表大会及组成工会委员会、经费审查委员会的若干规定》的通知

（总工发〔2015〕6号 2015年2月8日）

为了更好地贯彻执行《中华人民共和国工会法》和《中国工会章程》，体现民主集中制原则，建立健全工会民主制度和民主生活，现就地方工会召开代表大会及组成工会委员会、经费审查委员会的若干问题，作如下规定。

一、代表组成和名额

1. 代表的组成应具有广泛的代表性。代表主要由工会工作

者、先进模范人物、生产和工作一线的工人代表、知识分子代表、机关工作人员和其他人员组成，其中工会工作者不少于代表总数的55%，要有适当数量的妇女、少数民族代表。民族自治地方，工会召开代表大会，少数民族代表应占一定比例。

2. 各级地方总工会，召开代表大会的代表名额，按照下列规定确定：

省、自治区、直辖市工会代表大会的代表，一般为400—900人。

设区的市、自治州工会代表大会的代表，一般为200—500人。

县（旗）、自治县、不设区的市和市辖区工会代表大会的代表，一般为100—400人。

各地根据工会会员和工会组织数，经上一级工会同意，可适当增加或减少代表名额。

二、工会委员会组成和名额

3. 各级地方总工会委员会，应由地方总工会及其部门、直属单位、所属产业工会负责人，下级地方总工会负责人，基层工会工作者，生产和工作一线的工人代表，以及与工会工作联系密切的相关单位的人员和社会知名人士组成，其中工会工作者不少于委员总数的60%，要有一定数量的先进模范人物、妇女、少数民族委员。民族自治地方，工会委员会中少数民族委员应占一定比例。

4. 各级地方总工会委员会委员名额，按照下列规定确定：

省、自治区、直辖市总工会委员会委员，一般为91—181人。

设区的市、自治州总工会委员会委员，一般为41—101人。

县（旗）、自治县、不设区的市和市辖区总工会委员会委员，一般为27—51人。

各地根据工会会员和工会组织数，经上一级工会同意，可适当增加或减少委员名额。

三、工会常务委员会组成和名额

5. 各级地方总工会常务委员会由主席、副主席和常务委员会委员组成。

6. 省、自治区、直辖市总工会常务委员会人数，一般不超过工会委员会人数的四分之一，其中主席1人，副主席3—8人。根据工作需要，可另设兼职副主席。

7. 设区的市、自治州总工会常务委员会人数，一般不超过工会委员会人数的三分之一，其中主席1人，副主席2—6人。

8. 县（旗）、自治县、不设区的市和市辖区总工会常务委员会人数，一般不超过工会委员会人数的三分之一，其中主席1人，副主席2—4人。

9. 各级地方总工会主席、副主席（含兼职副主席）的人数应少于常务委员会人数的二分之一。

10. 各级地方总工会主席、副主席配备职数，根据有关规定，由同级党委和上一级工会协商决定。

四、经费审查委员会及其常务委员会组成和名额

11. 各级地方总工会经费审查委员会，应由地方总工会经费审查委员会及其办公室负责人，地方总工会所属的部分独立管理经费的产业工会经费审查委员会负责人，下一级地方总工会经费审查委员会负责人和有关方面人员组成。

12. 各级地方总工会经费审查委员会委员人数，应不少于同级工会委员会人数的 20%，县级总工会经费审查委员会委员人数应不少于 5 人。

13. 省、自治区、直辖市总工会经费审查委员会设常务委员会，由 5—7 人组成，其中主任 1 人，副主任 1—2 人，主任、副主任的人数应少于常务委员会人数的二分之一。

14. 设区的市、自治州及以下地方总工会经费审查委员会设主任 1 人，副主任 1 人。

五、大会代表资格审查委员会组成和职责

15. 地方工会代表大会，应成立代表资格审查委员会，负责代表资格审查工作。

16. 代表资格审查委员会应由地方总工会分管组织人事工作的负责人及其组织人事部门负责人，地方总工会所属的部分产业工会负责人，部分下级地方总工会和基层工会负责人组成。其组成名额，由地方总工会委员会确定。

17. 代表资格审查委员会设主任 1 人，副主任 1—2 人，委员若干人，其人选由地方总工会委员会提出，提交大会预备会

议表决产生。

18. 代表资格审查委员会成立之前，对代表的产生程序和代表资格的初步审查工作，由大会组织处（组）或地方总工会组织部承担。

19. 代表资格审查委员会经大会预备会议表决产生后召开全体会议，审议通过代表资格审查报告。

20. 代表资格审查委员会向大会主席团提交代表资格审查报告，经大会主席团第一次全体会议审议通过，确认代表资格。

六、大会主席团组成和职责

21. 大会主席团是代表大会的组织领导机构，其成员由地方总工会常务委员会与各代表团协商提出，经大会预备会议表决产生。大会主席团成员必须是本次代表大会的代表。

22. 大会主席团应由地方总工会委员会和经费审查委员会负责人，地方总工会所属产业工会负责人，地方总工会部门、直属单位负责人，各代表团（组）长，部分下级地方总工会负责人，部分基层工会负责人和工人代表，与工会工作联系密切的部分单位的负责人等组成。大会主席团中，要有一定数量的先进模范人物、少数民族、妇女、民主党派、无党派人士和群众。其成员名额由地方总工会常务委员会确定。

23. 大会主席团设常务主席若干人，一般由地方总工会委员会负责人和经费审查委员会主要负责人担任，经大会主席团第一次全体会议推选产生。

24. 大会主席团贯彻民主集中制原则，有关大会的重大问题，须经大会主席团全体会议讨论决定。

25. 大会主席团的主要职责：

（1）按照大会预备会议通过的议程主持大会；

（2）审议通过代表资格审查报告，确认代表资格；

（3）组织代表讨论、审议和修改大会的有关报告；

（4）组织代表讨论、确定新一届总工会委员会委员和经费审查委员会委员候选人建议人选。如需选举出席上一级工会代表大会的代表，还应组织讨论、确定其代表候选人建议人选；

（5）主持大会选举；

（6）组织代表讨论大会的决议草案，提请大会审议通过；

（7）分别委托一名新当选的工会委员会委员和经费审查委员会委员主持本届委员会第一次全体会议；

（8）研究决定会议期间的其他重要事项。

七、大会秘书长、副秘书长设置和职责

26. 地方工会代表大会可设秘书长 1 人，副秘书长若干人。

27. 秘书长一般由地方总工会主要负责人担任，由地方总工会常务委员会在代表中提名，经大会预备会议表决产生；副秘书长一般由地方总工会负责人和有关方面负责人担任，由地方总工会常务委员会提名，经大会主席团第一次全体会议表决产生。

28. 秘书长是大会期间日常工作的组织者，其主要职责是：在大会主席团领导下，负责处理大会事务性工作。副秘书长的主要职责是：协助秘书长做好大会的相关工作。

八、选举的原则和方法

29. 代表大会的代表和工会委员会委员、常务委员会委员、主席、副主席及经费审查委员会委员、常务委员会委员、主任、副主任均应履行有关民主程序，采用无记名投票方式选举产生。

30. 代表大会的代表和工会委员会委员、常务委员会委员、主席、副主席及经费审查委员会委员、常务委员会委员、主任、副主任候选人人选的产生，必须按照民主集中制原则，经过自下而上地反复酝酿、充分讨论后确定。工会委员会委员和经费审查委员会委员候选人人选不限于本次代表大会的代表。

31. 代表大会的代表由各选举单位采用差额选举办法产生，差额率不低于15%。工会委员会和经费审查委员会均由代表大会选举产生。选举工会委员会委员采用差额选举办法，差额率不低于8%；选举经费审查委员会委员采用等额选举办法。

差额选举，可以采用候选人人数多于应选人人数的差额选举办法直接进行正式选举，也可以先采用差额选举办法进行预选，产生候选人，然后采用等额选举办法进行正式选举。

32. 地方总工会常务委员会委员、主席、副主席和经费审查委员会常务委员会委员、主任、副主任，分别由工会委员会和经费审查委员会全体会议选举产生。

33. 地方总工会常务委员会委员，实行等额选举，也可以实行差额选举；主席、副主席实行等额选举。经费审查委员会常务委员会委员和主任、副主任实行等额选举。

34. 代表大会、工会委员会、经费审查委员会选举时，参加选举的代表、委员须分别超过应到会代表、委员的半数，方可进行。候选人获得的同意票超过应到会代表、委员半数的，始得当选。

35. 大会代表，工会委员会委员和常务委员会委员，经费审查委员会委员和常务委员会委员候选人名单，按姓氏笔画为序排列。工会委员会主席、副主席和经费审查委员会主任、副主任候选人名单，按提名的顺序排列。

36. 在地方工会代表大会闭会期间，选举工会委员会常务委员会委员、主席、副主席和经费审查委员会常务委员会委员、主任、副主任，须分别在工会委员会和经费审查委员会全体会议上进行。如果候选人人选不是本届工会委员会委员或经费审查委员会委员，应先在工会委员会全体会议上替补或增补为工会委员会委员或经费审查委员会委员，然后再进行选举。

九、报批程序

37. 各级地方工会应按照《中国工会章程》规定，按期召开代表大会进行换届。筹备召开代表大会前，应向上一级工会呈报召开代表大会的请示。请示应含有以下内容：同级党委关于换届工作的意见；召开会议时间、地点；会议主要任务、议程；会议代表名额、条件、组成比例；工会委员会组成意见及委员分配方案，常务委员会的组成方案；经费审查委员会组成意见及委员分配方案，常务委员会的组成方案。经同级党委和上一级工会批准后，方可筹备召开代表大会。

在特殊情况下，由地方总工会委员会提议，经同级党委和上一级工会批准，可以提前或者延期召开代表大会。延期时间一般不得超过一年。

38. 代表大会选举产生的工会委员会和经费审查委员会，工会委员会选举产生的常务委员会和主席、副主席，经费审查委员会选举产生的常务委员会和主任，应报上一级工会审批，同时报同级党委备案。

十、附则

39. 各级产业工会、乡镇（街道）总工会换届和选举工作可参照本规定执行。

40. 本规定由中华全国总工会组织部负责解释。

41. 本规定自印发之日起施行。1984 年 5 月全总印发的《关于地方工会和基层工会召开代表大会及组成工会委员会、经费审查委员会的若干规定》同时废止。

中华全国总工会办公厅印发《中华全国总工会关于加强和规范区域性、行业性工会联合会建设的意见》的通知

（总工办发〔2020〕2 号　2020 年 1 月 15 日）

为进一步加强和规范区域性、行业性工会联合会建设，充分发挥区域性、行业性工会联合会作用，深入推进新时代工会

工作创新发展，根据《工会法》及《中国工会章程》等有关规定，结合工会基层组织建设实际，提出如下意见。

一、加强和规范区域性、行业性工会联合会建设的重要意义和总体要求

（一）区域性、行业性工会联合会是基层工会的一种组织形式，是由若干个单位在各自成立基层工会组织（基层工会委员会、联合基层工会委员会或基层工会联合会）的基础上，在一定的区域或行业范围内，按照联合制、代表制原则建立的区域性、行业性的基层工会的联合体。

（二）区域性、行业性工会联合会是近年来各级工会在扩大组织覆盖、扩大工作覆盖探索实践中形成的一种有效形式。实践证明，加强区域性、行业性工会联合会建设，对于基层工会组织围绕中心服务大局、促进区域、行业经济持续健康发展，参与基层社会治理、积极发挥作用，加强维权服务、构建和谐劳动关系，树立以职工为中心的工作导向、夯实工会基层基础，确保职工队伍和工会组织团结统一具有重要意义。

（三）加强和规范区域性、行业性工会联合会建设，要深入学习贯彻习近平总书记关于工人阶级和工会工作的重要论述特别是关于加强工会基层组织建设的重要指示精神，聚焦保持和增强政治性、先进性、群众性，坚持正确政治方向，在党组织领导、政府支持下，通过党建带工建等机制方法有序有力推进；坚持依法依规，做到依法建会、依法管会、依法履职、依法维权，健全完善制度，严格落实制度；坚持产业和地方相结合的

工会组织领导原则，着眼组织健全、职责明确、关系顺畅的目标，推动形成自下而上、工作贯通、覆盖不同所有制企业和相关社会组织的组织体系；坚持从实际出发，积极稳妥推进，立足区域、行业所辖基层单位的分布、数量以及职工人数等实际，按照规模适度、便于管理、科学合理的原则进行组建，并确定覆盖范围。

二、区域性、行业性工会联合会的建立

（四）区域性、行业性工会联合会一般建立在县（市、区、旗）及以下范围内。城市工会可根据本地区域、行业发展情况，从实际出发，探索在市级建立行业性工会联合会。

（五）建立区域性、行业性工会联合会，必须坚持在同级党组织和上一级工会的领导下进行。上级工会及时有效跟踪指导服务，严把组建前置环节，严格规范组建程序，积极稳妥推进组建工作。在广泛征求各方面意见特别是覆盖单位意见，进行充分酝酿协商的基础上，经同级党组织同意并报上一级工会批准后成立工会筹备组。筹备组依法依规做好筹备工作。未建立党组织的，在上一级工会领导下进行。

（六）区域性、行业性工会联合会委员会按照联合制、代表制的原则建立。坚持广泛性和代表性，委员由本区域或行业内所覆盖基层工会的主席和适当比例的有关方面代表等组成，所覆盖基层工会数量较多的，区域性、行业性工会联合会委员会委员可以由所覆盖基层工会主席民主推选代表担任；根据工作需要，可吸收政府有关部门代表参加。

（七）区域性、行业性工会联合会委员会的产生适用《工会基层组织选举工作条例》《基层工会会员代表大会条例》等规定。担任区域性、行业性工会联合会主席、副主席职务，必须履行民主程序。区域性、行业性工会联合会主席、副主席可以由全体委员选举产生，也可以由区域性、行业性工会联合会所覆盖基层工会联合组成会员（代表）大会选举产生。区域、行业内的基层单位行政主要负责人不得作为区域性、行业性工会联合会委员会委员人选，行业协会（商会）会长、副会长等不得担任区域性、行业性工会联合会主席、副主席。上级工会派出的工会干部、社会化工会工作者或者区域、行业龙头骨干企业工会主席、社区工作者等可以作为区域性、行业性工会联合会主席、副主席人选。区域性、行业性工会联合会主席、副主席可以专职，也可以兼职，其任期与区域性、行业性工会联合会委员会相同。

（八）区域性、行业性工会联合会委员会委员实行替补、增补制。区域性、行业性工会联合会委员会委员，当其不再担任原工会组织的主要负责人时，其委员职务由其原单位工会新当选的主要负责人经履行民主程序后予以替补。新覆盖基层工会的主要负责人，经履行民主程序，可以增补为区域性、行业性工会联合会委员会委员。

（九）区域性、行业性工会联合会可结合区域、行业实际，制定工会联合会组织办法等。区域性、行业性工会联合会委员会每届任期三年至五年，任期届满应按时换届。特殊情况需提前或延期换届的，应报上一级工会批准。

（十）建立区域性、行业性工会联合会，原则上所覆盖基层工会的组织领导关系、经费拨缴关系和会员会籍关系保持不变。确需调整的，须经县级以上地方工会批准。

（十一）区域性、行业性工会联合会所覆盖区域、行业内的基层单位，应当分别单独建立基层工会组织（基层工会委员会、联合基层工会委员会或基层工会联合会）。

（十二）区域性、行业性工会联合会的名称应根据区域、行业、单位等情况确定，一般为“××（行政区划名称）+××（区域或行业名称）+工会联合会”，不能以职业名称或基层工会名称等作为区域性、行业性工会联合会的名称。

（十三）具备条件的区域性、行业性工会联合会，要在上级工会的指导下，及时登记取得社团法人资格，开设独立工会经费账户。

（十四）独立管理经费的区域性、行业性工会联合会，应同时成立工会经费审查委员会。区域性、行业性工会联合会所覆盖基层工会女职工较多的，建立女职工委员会，在工会联合会委员会领导下开展工作。

（十五）建立区域性、行业性工会联合会的，应采取有效措施，逐步实现对区域、行业内的基层工会以及不具备单独建会条件的小微企业和零散就业人员全覆盖。实际履行联合会职能但不规范的，应在上级工会指导下，按照联合制、代表制原则，逐步规范为工会联合会。

三、区域性、行业性工会联合会的主要职责任务

（十六）加强对职工的思想政治引领，承担团结引导职工群

众听党话、跟党走的政治责任，推动习近平新时代中国特色社会主义思想进社区、进企业、进车间，深化理想信念教育，教育职工践行社会主义核心价值观，恪守社会公德、职业道德、家庭美德、个人品德，遵守劳动纪律。

（十七）在同级党组织和上级工会的领导下，推动和指导区域、行业内基层单位的工会组建、发展会员等工作，夯实工会基层基础。承担本区域、行业职工代表大会工作机构的职责。

（十八）大力弘扬劳模精神、劳动精神、工匠精神，组织开展具有区域特点、行业特色的劳动和技能竞赛、经济技术创新等活动，建设知识型、技能型、创新型的高素质职工队伍。

（十九）代表和组织职工依照法律规定，通过职工代表大会或其他形式参与本区域、行业民主管理和民主监督。调查研究和反映本区域、行业中涉及职工切身利益的重大问题。

（二十）参与制订本区域、本行业涉及劳动和职工权益的政策、标准等。积极推进区域、行业集体协商，推动建立区域、行业集体合同制度。

（二十一）参与协调劳动关系和调解劳动争议，协商解决涉及职工切身利益问题，为所覆盖区域、行业的基层工会和职工提供法律服务和法律援助。

（二十二）突出行业特色、区域特点、职工需求，强化服务意识、健全服务体系、建立服务机制，精准化、精细化开展服务工作。

四、区域性、行业性工会联合会的工作保障

（二十三）加强区域性、行业性工会联合会工作经费保障，建立区域性、行业性工会联合会建设专项经费，并列入本级工会年度预算，保障工会联合会正常运转。各地工会结合实际，可建立项目补贴办法，实行一事一补。区域性、行业性工会联合会可以争取行政支持，也可在所覆盖基层工会自愿的基础上，由基层工会按照一定比例承担部分工作经费。上级工会要加强对区域性、行业性工会联合会经费使用的指导监督。区域性、行业性工会联合会的经费要做到专款专用。

（二十四）加强区域性、行业性工会联合会办公场地、活动场所、服务阵地建设，根据《基层工会经费收支管理办法》等有关规定，争取多方面、多渠道为区域性、行业性工会联合会办公和开展活动提供必要的设施和活动场所等。

（二十五）各地工会可结合实际，建立区域性、行业性工会联合会工会干部日常性工作补贴制度，对非国家工作人员担任的工会主席、副主席及其他工会干部，可给予适当的工作补贴。

五、加强对区域性、行业性工会联合会建设的领导

（二十六）充分认识加强和规范区域性、行业性工会联合会建设的紧迫性和必要性，把加强对区域性、行业性工会联合会建设摆上重要位置，加强统筹协调、形成工作合力，解决好区域性、行业性工会联合会规范和建设中遇到的矛盾和困难，为区域性、行业性工会联合会作用发挥创造有利条件、提供有力

保障，努力把工会联合会建设成深受职工群众信赖的学习型、服务型、创新型职工之家，工会干部努力成为职工群众信赖的娘家人、贴心人。

（二十七）积极探索符合区域性、行业性工会联合会特点的工会干部管理使用方式，拓宽来源渠道，采取专职、兼职、挂职相结合的方式，配备区域性、行业性工会联合会干部。加强教育培训，切实提高工会干部适应岗位需要的能力素质。

（二十八）加强分类指导，注重对已建立的区域性、行业性工会联合会加强规范；立足区域、行业实际，适应职工需求，指导区域性、行业性工会联合会突出工作重点，发挥优势作用。加强调查研究，及时总结推广好典型、好经验，发挥示范引领作用。加强监督检查，严格考核考评，坚持问题导向，督促整改解决，不断提升区域性、行业性工会联合会整体建设水平。

中华全国总工会办公厅关于印发《中华全国总工会关于企业集团建立工会组织的办法》的通知

（总工办发〔2018〕23 号　2018 年 9 月 3 日）

第一章　总　　则

第一条　为进一步规范企业集团工会组织建立，充分发挥企业集团工会作用，根据《中华人民共和国工会法》《中国工会章程》《企业民主管理规定》《企业工会工作条例》等有关规定，制定本办法。

第二条 本办法所称企业集团，是指以资本为主要联结纽带的母子公司为主体，以集团章程为共同行为规范的母公司、子公司、参股公司及其他成员企业或机构共同组成的具有一定规模的企业法人联合体。

凡符合前款规范要求、行政管理机构健全并依法设立登记的企业集团，经上级工会批准，可在企业集团范围内建立集团工会组织。

第三条 建立集团工会组织，在同级党组织和上级工会的领导下进行。企业集团未建立党组织的，在上级工会领导下进行。

第四条 企业集团建立工会组织，必须坚持党的领导，贯彻落实党的全心全意依靠工人阶级的根本指导方针，始终把握正确政治方向；坚持民主集中制，注重广泛性、代表性；坚持职工为本，充分反映职工群众的意愿和要求；坚持依法规范，符合法律和工会章程规定。

第五条 企业集团根据法人治理结构、经营模式、企业规模、职工队伍状况等实际，适应贯彻新发展理念、建设现代化经济体系、加快完善社会主义市场经济体制的需要，统筹考虑振兴实体经济、深化国有企业改革、发展混合所有制经济、民营企业发展等形势任务，立足实际建立健全工会组织。

第二章 集团工会的建立

第六条 集团工会是工会的基层组织。组建集团工会，依照《工会基层组织选举工作条例》产生。集团工会的组织形式，根据集团实际确定。

第七条 在京中央企业集团组建集团工会，按规定报相关全国产业工会，由相关全国产业工会按程序报中华全国总工会批准。京外中央企业集团和其他企业集团组建工会，按规定报企业集团所在地同级地方工会批准。

第八条 集团工会选举主席1人、副主席若干人、常务委员若干人，组成常务委员会。成员单位和职工人数较少的，可不设常务委员会。

集团工会每届任期三年至五年。任期届满，应按期进行换届选举。

第九条 集团工会在选举产生集团工会委员会的同时，选举产生同级工会经费审查委员会。集团工会成立后，按照有关规定及时建立集团工会女职工委员会，并选配女职工委员会主任。

第十条 集团工会的名称，为“企业集团工商登记名称+工会（联合会）委员会”。集团所属子公司的工会组织名称，为“子公司工商登记名称+工会委员会”。对于工会名称不规范的，应结合工会换届工作进行规范。

第十一条 集团工会依法依规设置工会工作机构，并按照有关规定配备专职工作人员，专职工作人员人数，根据有关规定确定，或由集团工会与集团协商确定。根据工作需要，可配备兼职工作人员，坚持以专职为主，兼职为辅，专兼职相结合。

集团工会根据工作需要，设立相关工作机构或专门工作委员会、工作小组。

第十二条 在企业集团改组改制中，要科学设置、合理规范工会组织，不得随意把工会组织机构撤销、合并或者归属其他工作部门。

第十三条 集团工会具备法人条件的，依法取得社会团体法人资格，工会主席为法定代表人。

第十四条 各级工会要加强对企业集团建立工会组织工作的领导，确保集团工会组织建立符合法律和工会章程、组织机构健全、职工群众拥护、作用发挥明显。

第三章 集团工会的组织领导关系

第十五条 集团工会的领导关系，根据产业和地方相结合的组织领导原则确定。

集团工会以同级党组织领导为主，同时接受所在地方工会的领导和上级有关产业工会的指导。

在京的中央企业集团工会，以同级党组织领导为主。同时在中华全国总工会领导下，按照行业分类原则，由相关全国产业工会实施具体指导。

第十六条 集团工会对集团母公司所在地的子（分）公司工会实行直接领导。不在母公司所在地的子（分）公司工会，在同级党组织领导下，以所在地工会领导为主，其工会组织关系、经费关系等明确在所在地工会，在所在地工会的领导下建立健全工会组织并按期换届，参加所在地工会组织开展的工作；同时接受集团工会的领导，参加集团工会统一组织开展的具有集团特点的工作和活动等。铁路、民航、金融等行政管理体制实行垂直管理的产业所属企业集团子（分）公司除外。

第十七条 以地方政府部门改组的资产经营公司为母公司组建的企业集团，可按照本办法建立集团工会委员会。原工会组织承担地方产业工会领导职能的，改建为集团工会后，如所在地方工会认为需要，可继续依托集团工会组建产业工会，也可建立新的产业工会。

第十八条 集团工会是集团职工代表大会的工作机构，负责集团职工代表大会的日常工作。

第四章 集团工会的经费

第十九条 集团工会经费，通过经费留成、上级工会补助、集团行政补助支持等方式解决。

第二十条 集团工会经费收缴，实行属地管理原则。铁路、民航、金融等行政管理体制实行垂直管理的产业所属企业集团子（分）公司除外。

企业集团所在地的子（分）公司工会，其工会经费按规定的比例上缴给集团工会，由集团工会按比例上缴上级工会。集团工会与所在地子（分）公司工会经费分成比例由集团工会确定。

企业集团所在地以外的子（分）公司，工会经费上缴所在地工会。集团工会可与其子（分）公司所在地工会协商，从子（分）公司上缴所在地工会经费中明确一定比例上缴集团工会。

第五章　附　　则

第二十一条　本办法由中华全国总工会负责解释。

第二十二条　本办法自印发之日起施行。1997 年 3 月 17 日全国总工会办公厅印发的《全国总工会关于企业集团建立工会组织的试行办法》（总工办发〔1997〕19 号）同时废止。

中华全国总工会办公厅印发《关于中国工会会徽制作使用的若干规定》的通知

（总工办发〔2019〕12 号　2019 年 4 月 19 日）

第一条　为规范中国工会会徽的制作、使用，根据《中国工会章程》，制定本规定。

第二条　中国工会会徽是中国工会的象征和标志。工会各级组织和每一名会员，应当尊重和爱护会徽。

第三条　中国工会会徽，选用汉字“中”、“工”两字，经艺术造型呈圆形重叠组成，并在两字外加一圆线，象征中国工会和中国工人阶级的团结统一。

第四条　为保持会徽的严肃性，会徽须按中华全国总工会规定的标准制作。

会徽为圆形，直径为 20A（A 为长度单位）的会徽，“中”、“工”两字笔画宽度为 1.4A，两字外圆线宽度为 0.3A，“工”字与“中”字之间、“中”字与外圆之间的间距为 1.25A，“工”字上下半圆形之间的间距为 1.5A。会徽底色为红色，艺术字造型及外圆线为金黄色，颜色标准为：红色（C0、M100、Y100、K10）；金黄色（C0、M10、Y100、K0）。

在实际应用中，可根据不同场合需要按规定确定尺寸，但不得改变颜色、比例关系。中国工会会徽具体制法图案如下：

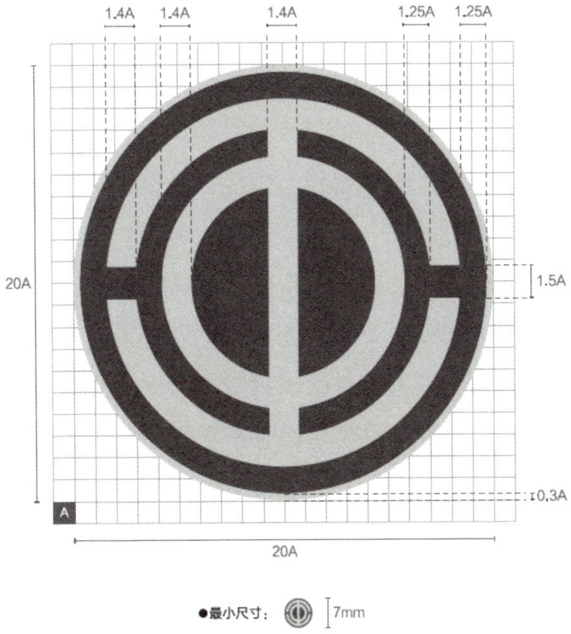

第五条　中国工会会徽的使用范围：

（1）工会办公地点、活动场所、服务阵地；

（2）召开中国工会全国代表大会、执委会议和地方各级工会代表大会、工会委员会全体会议等重要会议，工会重大活动；

（3）各级工会组织颁发的奖状、证书和其他荣誉性文书、证件；

（4）工会报刊和出版物、新媒体文化产品、网站。

除上述情况外，使用会徽及其图案须经县级和县级以上工会组织批准。

第六条 会徽可制作成徽章，供工会会员和工会干部佩戴，直径为25毫米。徽章金黄色部分采用“浮雕”手法，字面凸起，呈现立体感。

第七条 悬挂会徽，应当置于显著位置。使用会徽及其图案，应当严肃、庄重。

第八条 各级工会不得使用破损、污损、褪色或不符合制作规定的会徽。

第九条 会徽及其图案不得用于或者变相用于商标、商业广告、商业活动等场合。

第十条 县级以上工会组织对所在地区、所辖范围内工会会徽使用情况进行监督检查，对不符合本规定的情况及时纠正。

第十一条 本规定自发布之日起施行，此前规定与本规定不一致的，以本规定为准。

第十二条 本规定由中华全国总工会办公厅负责解释。

图书在版编目（CIP）数据

工会组织工作百问百答 / 朱艳丽编著. —北京：中国工人出版社，2022.8
ISBN 978-7-5008-7959-6

Ⅰ.①工… Ⅱ.①朱… Ⅲ.①工会工作—组织工作—中国—问题解答
Ⅳ.①D412.61-44

中国版本图书馆CIP数据核字（2022）第141590号

工会组织工作百问百答

出 版 人	董 宽
责任编辑	赵晨羽
责任校对	张 彦
责任印制	栾征宇
出版发行	中国工人出版社
地　　址	北京市东城区鼓楼外大街45号　邮编：100120
网　　址	http://www.wp-china.com
电　　话	（010）62005043（总编室） （010）62005039（印制管理中心） （010）62382916（工会与劳动关系分社）
发行热线	（010）82029051　62383056
经　　销	各地书店
印　　刷	北京市密东印刷有限公司
开　　本	880毫米×1230毫米　1/32
印　　张	10.75
字　　数	200千字
版　　次	2022年12月第1版　2024年 5 月第2次印刷
定　　价	52.00元